医药高等职业教育公共基础课程规划教材

大学生创新创业教育

（供医药类各专业使用）

主　编　李　芳　李　毅

副主编　王　爽　王艺涵

编　者　（以姓氏笔画为序）

王　爽（重庆医药高等专科学校）

王　雪（山东医学高等专科学校）

王艺涵（辽宁医药职业学院）

刘少冉（山东药品食品职业学院）

李　芳（山东医学高等专科学校）

李　毅（长沙卫生职业学院）

张亦曼（湖南食品药品职业学院）

凌　敏（长沙卫生职业学院）

中国健康传媒集团

中国医药科技出版社

内 容 提 要

本教材为"医药高等职业教育公共基础课程规划教材"之一，系根据《普通本（专）科学校创业教育教学基本要求（试行）》的基本要求和课程特点编写而成。教材以创新创业教育全过程培养为主线，将创新知识与创业知识有机地融合在一起，内容除绪论外涵盖了创新与创新思维、创新素养、创业常识、创业者与创业团队、创业资源与商业模式、企业创办、创业计划及实践等内容。本教材为书网融合教材，即纸质教材有机融合电子教材、教学配套资源（PPT、微课、视频、图片等）、题库系统、数字化教学服务（在线教学、在线作业、在线考试），使教学资源更加多样化、立体化。

本教材供高职高专医药类各专业使用。

图书在版编目（CIP）数据

大学生创新创业教育/李芳，李毅主编 . —北京：中国医药科技出版社，2020.12

医药高等职业教育公共基础课程规划教材

ISBN 978-7-5214-2149-1

Ⅰ.①大… Ⅱ.①李… ②李… Ⅲ.①大学生–创业–高等职业教育–教材 Ⅳ.①G647.38

中国版本图书馆 CIP 数据核字（2020）第 237105 号

美术编辑　陈君杞

版式设计　友全图文

出版　**中国健康传媒集团**｜中国医药科技出版社

地址　北京市海淀区文慧园北路甲 22 号

邮编　100082

电话　发行：010-62227427　邮购：010-62236938

网址　www.cmstp.com

规格　889×1194 mm $\frac{1}{16}$

印张　8 $\frac{1}{2}$

字数　217 千字

版次　2020 年 12 月第 1 版

印次　2020 年 12 月第 1 次印刷

印刷　廊坊市海玉印刷有限公司

经销　全国各地新华书店

书号　ISBN 978-7-5214-2149-1

定价　**35.00 元**

获取新书信息、投稿、为图书纠错，请扫码联系我们。

出版说明

为深入贯彻《现代职业教育体系建设规划（2014—2020 年)》以及《医药卫生中长期人才发展规划（2011—2020 年)》文件的精神，满足高职高专医药院校公共基础课程培养目标的要求，不断提升人才培养水平和教育教学质量，在教育部、国家卫生健康委员会及国家药品监督管理局的领导和指导下，在本套教材建设指导委员会专家的指导和顶层设计下，中国医药科技出版社有限公司组织全国 30 余所高职高专院校及附属医疗机构近 120 名专家、教师精心编撰了医药高等职业教育公共基础课程规划教材，该套教材即将付梓出版。

本套教材共包括 12 门，主要供全国高等职业教育医药类院校各专业教学使用。

本套教材定位清晰、特色鲜明，主要体现在以下方面。

一、遵循教材编写的基本规律

本套教材编写遵循"三基、五性、三特定"的基本规律。基本理论和基本知识以"必需、够用"为度，兼顾学生终身学习能力的培养。公共基础课程是专业基础课程的基础，应该注意衔接专业基础课程教学的需要。但也注意把握好教材内容的深度和广度，不能要求大而全，以适应全国高等职业教育的需要为度，适当反映学科的新进展。

在保证教材思想性和科学性的基础上，特别强调教材的适用性与先进性。考虑到高等职业教育模式发展中的多样性，在教材的编写过程中，保障学生具备专业教学标准要求的知识和技能，适当兼顾不同院校学生的要求，以保证教材的适用性。教材的基本理论知识（如概念、名词术语等）应避免陈旧过时，要注意吐故纳新，做到科学先进，不陈旧，跟上学科发展步伐，保证内容的科学性和先进性。同时，教材应融传授知识、培养能力、提高素质为一体，重视培养学生的创新、获取信息及终身学习的能力，突出教材的启发性。

二、满足人才培养需要

教材编写应以专业培养目标为导向，满足 3 个需要（岗位需要、学教需要、社会需要）。这是编写本套教材的重要原则。

1. 岗位需要 是指教材编写应满足工作岗位所需的知识、技能、素质、心理等要求，有利于学生形成科学的思维和学习方法。

2. 学教需要 是指教材编写有利于学生学和教师教，符合学生的认知特点和教学规律。

3. 社会需要 是指教材编写应能够满足社会对学生知识和技能的要求、人文素质要求，使学生不仅能满足当前社会的要求，还具备一定的可持续发展潜力。

三、体现职教特色

高职高专教材不应该是本科教材的缩略版，应该体现职业教育的特色。

1. 以就业为导向，突出实用 高等职业教育培养的是技术技能型人才，不强调人才具有多么高的理论修养和渊博的知识，一切以生产岗位对人才能力的需求为中心，基础课程要突出素质要求，重点培养学生在岗位中必备的身体、心理、人文的素质。

2. 加强人文素养，全面提高学科素质 公共基础课程教材在强调实用的同时，也不能否定课程本身的属性和功能。公共基础课程不单是学习其他课程的基础，也是引导学生自身向高层次发展的基础，更是走向社会生活的基础。教材不仅要培养学生掌握相关的知识，还要引导学生的思想认识、道德修养、文化品位和审美情趣，注重创造力的培养，提高学生的整体素质。

3. 培养自学能力，提高职业能力 终身教育、继续教育已逐渐成为国际公认的教育理念。不会自学，就不会有自我发展和创造能力。教材是教本，教材的编写应注重把学生的自学能力培养起来，教材编写注重让学生触类旁通，举一反三，掌握学习方法，养成自学习惯。

四、多媒融合配套增值服务

纸质教材与数字教材融合，提供给师生多种形式的教学共享资源，以满足教学的需要。本套教材在纸质教材建设过程中增加书网融合内容，此外，还搭建与纸质教材配套的"在线学习平台"，增加网络增值服务内容（如课程 PPT、试题、视频、动画等），使教材内容更加生动化、形象化。

编写出版本套高质量教材，得到了全国知名专家的精心指导和各有关院校领导与编者的大力支持，在此一并表示衷心感谢。出版发行本套教材，希望受到广大师生欢迎，并在教学中积极使用本套教材，提出宝贵意见，以便修订完善，共同打造精品教材。

医药高等职业教育公共基础课程规划教材
评审委员会

数字化教材编委会

主　编　李　芳　李　毅　汪晓静
副主编　王　爽　王艺涵　王　雪
　　　　张　树　陈　琛
编　者　（以姓氏笔画为序）
　　　　王　爽（重庆医药高等专科学校）　　　　王　雪（山东医学高等专科学校）
　　　　王艺涵（辽宁医药职业学院）　　　　　　王姗姗（山东医学高等专科学校）
　　　　孔鲁粤（山东医学高等专科学校）　　　　师宜源（山东商业职业技术学院）
　　　　刘少冉（山东药品食品职业学院）　　　　刘文贞（山东医学高等专科学校）
　　　　刘雁飞（山东医学高等专科学校）　　　　李　芳（山东医学高等专科学校）
　　　　李　茹（山东医学高等专科学校）　　　　李　毅（长沙卫生职业学院）
　　　　张　树（山东医学高等专科学校）　　　　张　娣（山东医学高等专科学校）
　　　　张　霞（山东医学高等专科学校）　　　　张亦曼（湖南食品药品职业学院）
　　　　陈　琛（山东医学高等专科学校）　　　　房燕红（山东医学高等专科学校）
　　　　袁晓燕（山东医学高等专科学校）　　　　凌　敏（长沙卫生职业学院）
　　　　龚　琛（山东医学高等专科学校）　　　　康　宁（山东医学高等专科学校）

前 言

　　创新创业教育不仅是社会发展与进步的动力，也是国际竞争的关键因素，更是实现中华民族伟大复兴的助推剂。国家把鼓励创业、支持创业、以创业带动就业工作摆在突出的位置，不断出台政策措施支持大学生创新、扶持大学生创业。众多高校也开设了大学生创新创业课程，本书是为与相关课程配套而编写的。

　　本教材遵循教育教学和创新人才培养规律，针对大学生在创新创业过程中遇到的实际问题，以医药高等职业教育学生综合职业能力和职业素质培养为目标，以课程改革和现代信息技术为驱动，以"纸数"融合教材为载体，将创新创业教育理论与实践、知识与技能、过程与方法、问题与对策、传统与现代相融合，通过创新思维的启发和创新能力的培养，激发大学生创新创业潜能，培养学生创新意识、思维、精神和能力，为大学生创新创业提供全方位指导。

　　本教材以国家规范性文件为依据，由全国高等职业院校一线教学人员以及行业专业技术人员共同编写完成。李芳编写第一章；李毅编写第二章；王爽编写第三章；王艺涵编写第四章；张亦曼编写第五章；刘少冉编写第六章；凌敏编写第七章；王雪编写第八章。教材编写坚持面向全体、结合专业、注重引导的原则。

　　教材重点介绍了创新创业教育的内涵、创新与创新思维、创新素养与创业常识、创业者与创业团队、创业资源与商业模式、企业创办与创业计划书的编写等内容。本书在教学设计上注重实用性，以专业课为基础，将理论与教学案例相结合，创业课程与专业课程相融合，创业实践与专业实践有机衔接，共同纳入高等职业教育人才培养体系。使学生在掌握创新创业基础知识和基本理论的同时，熟悉创新创业的基本流程和基本方法，了解创业的法律法规和相关政策，促进学生创业就业和个体全面发展。

　　大学生创新创业课程是高等职业院校进行创新创业教育的基础，希望本书的出版能够为高校创新创业教育提供有益的参考。由于创新创业教育是随着时代的发展而变化的，加之编者水平有限，书中如有不足之处，敬请批评指正，同时也希望广大读者可以提供宝贵意见，以期不断修正完善。

编者

2020 年 9 月

目录

第一章　绪论 ··· 1

　第一节　创新创业教育概述 ··· 1

　　一、创新创业教育的内涵 ··· 1

　　二、创新创业教育的目的与意义 ··································· 4

　第二节　国内外创新创业教育 ······································· 5

　　一、国外创新创业教育启示 ······································· 5

　　二、我国创新创业教育现状 ······································· 7

　　三、我国创新创业教育发展趋势 ··································· 9

第二章　创新与创新思维 ··· 11

　第一节　创新的内涵 ··· 11

　　一、创新的含义 ··· 11

　　二、创新的特征 ··· 12

　　三、创新的作用 ··· 12

　第二节　创新的类型和模式 ··· 13

　　一、创新的类别 ··· 13

　　二、创新的模式 ··· 14

　　三、创新的过程 ··· 14

　第三节　创新思维 ··· 15

　　一、创新思维的含义 ··· 15

　　二、创新思维的特点 ··· 15

　　三、创新思维的类型 ··· 16

　　四、创新思维的培养 ··· 19

第三章　创新素养 ··· 24

　第一节　创新意识 ··· 24

　　一、创新意识的内涵 ··· 24

　　二、大学生创新意识培养的意义 ··································· 25

　　三、创新意识的类型 ··· 26

　　四、创新意识的培养 ··· 28

　第二节　创新能力 ··· 29

　　一、创新能力的概念 ··· 29

　　二、创新能力的构成 ··· 29

三、创新能力的测评 …………………………………………………… 30
第三节　创新方法 …………………………………………………………… 34
一、试错法 …………………………………………………………… 34
二、头脑风暴法 ……………………………………………………… 35
三、思维导图法 ……………………………………………………… 37
四、奥斯本检核表法 ………………………………………………… 38
五、六顶思考帽法 …………………………………………………… 39

第四章　创业常识 …………………………………………………………… 41
第一节　创业的核心要素 …………………………………………………… 41
一、创业的涵义 ……………………………………………………… 41
二、创业的核心要素 ………………………………………………… 42
三、创业的特征 ……………………………………………………… 44
第二节　创业分类与过程 …………………………………………………… 45
一、创业的分类 ……………………………………………………… 45
二、创业的过程 ……………………………………………………… 46
第三节　创业机会与创业风险 ……………………………………………… 47
一、创业机会的含义 ………………………………………………… 47
二、创业机会的类型 ………………………………………………… 48
三、创业机会的评估 ………………………………………………… 49
四、创业风险 ………………………………………………………… 50
第四节　医学生创业环境及创业政策 ……………………………………… 51
一、医学生的创业环境 ……………………………………………… 51
二、创业政策 ………………………………………………………… 52

第五章　创业者与创业团队 ………………………………………………… 55
第一节　创业者 ……………………………………………………………… 55
一、创业者的内涵 …………………………………………………… 56
二、创业者的类型 …………………………………………………… 56
三、创业者的特质 …………………………………………………… 57
第二节　创业者的素质与能力 ……………………………………………… 58
一、心理素质 ………………………………………………………… 58
二、技术能力 ………………………………………………………… 60
三、其他能力和素质 ………………………………………………… 61
第三节　创业团队要素及组建 ……………………………………………… 61
一、创业团队的内涵 ………………………………………………… 62
二、创业团队的基本要素 …………………………………………… 63
三、创业团队的组建 ………………………………………………… 64
第四节　创业团队的管理技巧 ……………………………………………… 65
一、建设团队精神世界 ……………………………………………… 65
二、团队创新开发管理方法 ………………………………………… 65

三、矛盾解决方法 ……………………………………………………………… 66

第五节　创业企业的社会责任 ……………………………………………… 66

　　一、高职院校亟需创业责任教育 ………………………………………… 66

　　二、创业企业社会责任简介 ……………………………………………… 67

　　三、绿色创业者的价值理念 ……………………………………………… 67

第六章　创业资源与商业模式 …………………………………………… 69

第一节　创业资源概述 ……………………………………………………… 69

　　一、创业资源的概念 ……………………………………………………… 70

　　二、创业资源的分类 ……………………………………………………… 70

　　三、创业资源的获取 ……………………………………………………… 71

第二节　创业融资 …………………………………………………………… 72

　　一、创业融资概述 ………………………………………………………… 73

　　二、创业融资渠道 ………………………………………………………… 74

　　三、创业资金的预测 ……………………………………………………… 76

第三节　商业模式的界定与类型 …………………………………………… 78

　　一、商业模式的界定 ……………………………………………………… 79

　　二、商业模式的特征 ……………………………………………………… 80

　　三、商业模式的类型 ……………………………………………………… 80

第四节　商业模式设计与构建 ……………………………………………… 82

　　一、商业模式画布 ………………………………………………………… 82

　　二、商业模式设计 ………………………………………………………… 84

　　三、商业模式构建 ………………………………………………………… 87

第七章　企业创办 ………………………………………………………… 89

第一节　创业相关法律问题 ………………………………………………… 89

　　一、个人独资企业 ………………………………………………………… 90

　　二、合伙企业 ……………………………………………………………… 91

　　三、公司 …………………………………………………………………… 92

第二节　企业创办流程 ……………………………………………………… 94

　　一、企业的创办 …………………………………………………………… 95

　　二、新创企业的市场进入 ………………………………………………… 96

　　三、新企业的社会责任 …………………………………………………… 97

第三节　新创企业基本管理 ………………………………………………… 98

　　一、人力资源需求管理 …………………………………………………… 99

　　二、劳动管理 ……………………………………………………………… 100

　　三、成本管理 ……………………………………………………………… 101

　　四、创业风险管理 ………………………………………………………… 102

第四节　适合医学类学生的创新创业类型 ………………………………… 104

　　一、自主创业 ……………………………………………………………… 104

　　二、互联网＋创业 ………………………………………………………… 105

第八章　创业计划及实践 ………………………………………………………… 107

第一节　创业计划准备 …………………………………………………………… 107
　一、创业计划概述 …………………………………………………………… 107
　二、创业计划的拟定过程 …………………………………………………… 108

第二节　创业计划书撰写 ………………………………………………………… 110
　一、创业计划书的内容 ……………………………………………………… 110
　二、创业计划书撰写要求 …………………………………………………… 113

第三节　创业计划路演 …………………………………………………………… 114
　一、路演的概念 ……………………………………………………………… 114
　二、路演的功能与目的 ……………………………………………………… 114
　三、路演前的准备 …………………………………………………………… 114
　四、路演演讲及答辩 ………………………………………………………… 115

第四节　创业计划大赛 …………………………………………………………… 117
　一、创业大赛介绍 …………………………………………………………… 117
　二、大学生参加创业大赛的意义 …………………………………………… 118
　三、创业团队训练 …………………………………………………………… 118

第五节　创业实践 ………………………………………………………………… 121
　一、计划的重要性 …………………………………………………………… 121
　二、分析商业计划书——白云壹生 ………………………………………… 121
　三、撰写创业计划书 ………………………………………………………… 121
　四、创业计划路演 …………………………………………………………… 121

参考文献 …………………………………………………………………………… 123

第一章 绪 论

学习目标

知识目标

1. 掌握创新创业教育的内涵。
2. 熟悉我国创新创业现状及趋势。
3. 了解国外创新创业教育历程及经验。

技能目标

1. 激发大学生创新创业热情。
2. 增强大学生社会责任感和使命感。

第一节 创新创业教育概述

案例讨论

【案例】2020 年 8 月 14 日，2020 全球人工智能产品应用博览会在苏州国际博览中心盛大启幕。在首日的主论坛上，中国工程院院士李兰娟带来了题为《AI 推动医疗健康新变革》的演讲。其中，李兰娟院士谈到了几个技术创新助力抗疫的例子。一是她与团队在对危重症病人抢救的过程中，用到了在 H7N9 救治中积累的一些方案和技术。二是在抗疫取得成功后，武汉通过大数据检测，分析检查出了 300 例无症状感染者，有效促进了复工复产。基于人工智能的公共卫生大数据、疫情研判、基因测序、药物研发、互联网医院、智能化服务机器人等技术在疫情检测分析、病毒溯源、防控救治、资源调配等方面起到了非常重要的作用。AI + 大数据 + 5G + 互联网，全程助力了这一次抗疫斗争。

【讨论】李兰娟院士谈到的技术创新助力抗疫的例子，对你有什么启发？

一、创新创业教育的内涵

21 世纪是知识经济时代，知识经济占有主导地位，新知识、新技术、新产业层出不穷，创新创业是这个时代的主旋律，是缓解就业压力、服务创新型国家建设的重大战略举措。国际经济的发展与社会的进步越来越依赖于科技创新的水平与创新创业人才的培养，世界各国越来越重视创新创业教育。创新精神的培养和创业能力的提升归根到底是人才的培养问题，创新创业教育的实施是我国实现创新创业战略的关键一环。

（一）创新教育

创新教育是社会经济活动对于人的要求在教育领域的反映，是以培养人们创新精神和创新能力为基本价值取向的教育教学活动。凡是以培养创新思维、创新素质和创新能力为主要目的的教育都可以称之为创新教育。

创新教育的核心是在全面实施素质教育的过程中，为迎接知识经济时代的挑战，着重研究与解决如何培养学生的创新意识、创新精神和创新能力的问题。创新教育的目的在于通过教学活动来培养受教育对象创造新事物的能力。

在我国，创新教育作为一种思潮，是在1999年6月《中共中央、国务院关于深化教育改革全面推进素质教育的决定》公布后形成的。创新教育提出了一系列关于人才、教育、教学、教师、学生以及学校的新理念。对于高等职业教育来说，创新教育是指把提高人才培养的创新性作为教育目标之一，并在教育教学全过程中不断加强学生创新素质的培养，使学生和教师的创新能力都得到有效提高的教育。因此，创新教育既是一种反映时代需求的新思想、新理论，也是为创新而开展的一系列教育教学活动。创新教育经过多年的研究和发展，已经在管理制度、课程设置、教学方法等方面形成了一系列有效的理论和措施。

（二）创业教育

创业教育是20世纪80年代后期西方国家提出的一种新的教育理念，是与知识经济和经济全球化发展趋势相适应的，创业教育具有丰富的内涵和鲜明的时代特征。

创业教育从广义上来说是指培养具有开创性的个人，是使受教育者能够在社会经济、文化、政治领域内进行行为创新，开辟或拓展新的发展空间，并为他人和社会提供机遇的探索性行为的教育活动，是一种培养学生从事商业活动的综合能力的教育，使学生从单纯的谋职者变成职业岗位的创造者。

1989年11月，联合国教科文组织在北京召开了"面向21世纪教育国际研讨会"，首次提出了"创业教育"理念，其基本内涵是开发和提高学生的创业素质，即培养学生的事业心、进取心、开拓精神、创新精神以及从事事业、企业、商业规划活动的能力。创业教育的理念提出后，美国、英国、德国、日本、法国、韩国等经济发达国家都先后将创业教育作为本国未来人才培养战略。同时，随着世界各国社会和经济的发展，创业教育已逐渐在全球范围被列入政府国际化的高等教育行动计划。

（三）创新创业教育

联合国教科文组织将创新创业教育与学术教育、职业教育比量齐观，称为学习的"第三本护照"。创新创业教育的理论研究和实践探索最早兴起于美国。1947年，哈佛大学商学院迈赖斯·迈斯教授开设了"创新企业管理"课程，被称为创新创业教育在高校的首创。创新创业教育对高校教育改革、培养大学生创新意识、创业能力以及适应社会和经济发展的意义重大。

创新创业教育引入我国是与我国总体的经济发展形势分不开的。近年来，在经济发展新态势下，我国政府颁布了一系列促进创新创业教育的相关文件。国务院办公厅于2015年5月颁布《国务院办公厅关于深化高等学校创新创业教育改革的实施意见》，就高校开展创新创业教育的原则、目标、主要任务和措施做出了具体部署。学界关于创新创业教育的研究也蓬勃兴起。

创新创业教育作为一种新的教育理念，并不是创新教育与创业教育的简单叠加，而是对创新教育和创业教育的目标的高度统一，并且在理念和内容上对创新教育和创业教育进行全面升华。

创新创业教育是一项实践性很强的活动，也是一项长期的教育教学工程，是促进个体发展、教育教学改革、人类知识积累、社会经济发展的一项伟大事业。创新创业教育的核心是培养大学生的创新精神、创业意识和创业能力，以培养出更优秀的创新创业人才。

创新教育和创业教育提出的角度不同，但两者的目标取向是一致的，都是我国大力开展素质教育的核心内容，因此不能将创新教育与创业教育割裂开来。教育部提出，从2016年起所有高校都要设置创新创业教育课程，对全体学生开发开设创新创业教育必修课和选修课，将其纳入学分管理。随着国家关于创新创业教育的各种文件的出台和落实，创新创业教育将惠及更多的大学生。

（四）创新与科技、创业的关系

1. 创新与创业 创新活动的本质与内涵，体现着它与创业活动性质上的一致性和关联性。创新与创业这两个不同的概念之间存在着本质上的契合、内涵上的相互包容和实践过程中的互动促进。创新是创业的基础，创业推动着创新。二者相互促进，是密不可分的辩证统一体。

（1）创新是创业的动力与源泉 创新思维是人类一切创新活动的动力和源泉，持续创新必然推动和成就创业。创新能力则是最重要的创业资本，创业者只有在创业过程中具有持续不断的创新思维和创新意识，才可能产生新的富有创意的想法和方案，才有可能不断寻求新的模式、新的方法、新的思路，最终获得创业的成功。

（2）创业是创新的价值与体现 创业在本质上是人们的一种创新性实践活动。创业的价值就在于将潜在的知识、技术和市场机会转化为现实生产力，实现社会财富增长。人们通过创业可以实现创新成果的转化，将创新的价值转化为具体、现实的社会财富，实现这种转化的根本途径就是创业。

（3）创业推动和深化创新发展 创业可以推动新发明、新产品以及新服务的不断涌现，从而创造出新的市场需求，进一步推动和深化各方面的创新，因而提高了企业乃至整个国家的创新能力，推动经济的增长。创业者只有通过创新，才能使所开拓的事业生存、发展并保持持久的生命力。

2. 科技与创新 关于科技和创新，习近平总书记说了两个"更加"，四个"需要"和四个"面向"。

（1）两个更加 我国经济社会发展和民生改善比过去任何时候都更加需要科学技术解决方案，都更加需要增强创新这个第一动力。当今世界正经历着百年未有之大变局，我国发展面临的国内外环境也发生着深刻复杂的变化，我国"十四五"时期以及更长时期的发展，对加快科技创新提出了更为迫切的要求。

（2）四个需要 加快科技创新是推动高质量发展的需要，是实现人民高品质生活的需要，是构建新发展格局的需要，是顺利开启全面建设社会主义现代化国家新征程的需要。

（3）四个面向 希望广大科学家和科技工作者肩负起历史责任，坚持面向世界科技前沿、面向经济主战场、面向国家重大需求、面向人民生命健康，不断向科学技术广度和深度进军。

创新与创业、创业与就业、科技与创新，相互渗透、相互融合。只有弘扬创新创业精神，健全创新创业机制，完善创新创业环境，加强创业与就业、科技与创新的交叉渗透和有机融合，才能推动社会的可持续性发展。

二、创新创业教育的目的与意义

当今世界的竞争，归根到底是综合国力的竞争，是知识总量、人才素质和科技质量的竞争。大力实施"科教兴国"战略，努力培养广大青年的创新、创业意识，造就一批符合未来挑战要求的高素质人才，已经成为实现中华民族伟大复兴的时代要求。

（一）创新创业教育的目的

通过创新创业教育，使学生掌握创新创业的基础知识和基本理论的同时，还可以熟悉创新创业的基本流程和基本方法，了解创业的法律法规和相关政策；激发学生的创业意识，提高学生的社会责任感、创新精神和创新能力；着力培养具有工匠精神的高素质技术技能人才，以促进创业就业和学生全面发展。

1. 激发大学生创新创业意识 大学生身处的环境是相对封闭的校园，接触社会的机会较少，创新精神不足、创业意识不强、冒险精神缺乏是大学生普遍存在的状况；而创新创业教育的一个重要目的就是鼓励学生将创业作为自己的职业选择，并为学生的创新创业活动提供科学的指导和有利的平台。创新创业教育能够极大地激发大学生的创业意识和创新精神，将被动就业的观念转变为主动创业的观念。

2. 培养大学生创新创业素养 创新创业素养主要是指对新问题进行解决，从而创造出新事物的能力和素质。这种素质通常包括创新意识、创业精神、创新思维、创新能力等。对于创新素质培养工作而言，要在创新创业素质教育中对大学生的创新意识进行有效培养，增进学生的创新创业知识，提高创新创业能力，从而使其创新思维得到转变，对于学生的个人发展以及促进就业具有重要意义。

3. 提高大学生创新创业能力 在新的历史条件下，大学生的创新创业能力培养关乎时代发展和社会走向，是建设"创新型国家"战略的系统工程需要。创新创业能力的提高是通过理论知识以及实践经验的不断积累形成的，是创新思维与创新意识的外在表现。大学生创新创业能力培养在大学教育中扮演着重中之重的角色，不仅可以提高学生解决问题的能力，更为学生自身发展拓展了道路。

4. 促进大学生全面协调发展 创新创业教育是适应经济社会和国家发展战略需要而产生的一种教学理念与模式，有利于引领大学生转变就业观念、拓宽大学生的就业思路，提升大学生的就业能力和就业竞争力。创新创业教育始终坚持育人为本的原则，将创新创业教育与德、智、体、美、劳五育相结合，在推动教育革新的同时，促进大学生的全面协调发展。

（二）创新创业教育的意义

创新创业教育作为新时期高等学校的重要历史使命，不仅是高等教育内在改革发展的迫切需求，也是高校落实创新驱动发展战略的重要措施，更是有助于大学生自我实现的重要载体。

1. 是建设创新型国家的重大战略举措 创新创业作为全新的生产力，日益成为国家核心竞争力。建设创新型国家是事关我国现代化建设全局的重大战略任务，就是要把科技创新作为发展战略的核心和提高综合国力的关键因素，努力创造更多新科技、新知识，有效地带动社会经济发展及国家创新体系的建设。作为当代大学生，有责任大力推进创新创业教育，成为具有社会责任感、具有创业能力、善于将创新成果转化为现实生产力的高素质人才，为建设创新型国家提供有力的人才保障和智力支持，在促进国家经济发展建设中发挥应有的作用。

2. 是深化高等教育改革的重要途径 高等教育的目的在于为社会培养高素质人才，高校人才培养质量高低的根本标准，在于所培养的人才是否适应经济社会发展和国家发展战略的需求。我国高校传统的以课堂为中心的教学模式很难达到提升大学生创新能力、创业能力和实践能力的教育目的，而创新创业教育与高校人才培养体系相融合的模式，则能够更好地促进学生将专业知识融于实践，以深入开展大学生创新创业教育为契机，将人才培养、科学研究、社会服务有效结合起来，引导高校不断更新教育理念、创新人才培养模式、改革教学方法，通过有效配置各种资源最终实现提高学生创新能力、创业能力和实践能力的目标。

3. 是促进学生充分就业的重要保障 近年来我国大学生毕业人数日益增多，高校毕业生就业压力持续增加，就业难题已成为亟待解决的社会热点问题。通过建立高校创新创业教育体系，通过开展创新创业教育，指导学生在加强专业知识和理论学习的同时，掌握创新创业知识、具备创新创业能力，培养学生的创新创业素质，激发学生创新创业梦想，使学生拥有勇于开拓进取的精神，从而提高学生的就业竞争力，达到以创新带动创业，以创业带动就业的目的。开展创新创业教育是促进学生充分就业的保障，有助于解决当今社会大学生就业难点问题。

4. 是实现学生自我发展的重要措施 创新创业教育有助于学生形成健全人格，提升学习内在动力，提高获取新知识、创造新价值的主动性。能够激发学生的创造潜能，培养学生发现问题与解决问题的能力，促进人才培养模式改革与发展。创新创业教育实现了从注重专业知识传授向重视能力和素质培养方向的转变，能够有效激发大学生的学习兴趣和创业热情，有助于大学生提高创新精神和解决实际问题的能力，促进大学生的个性化发展以及综合素质的提升，以适应经济社会发展和国家战略发展需要。

▶ **知识拓展**

挑战杯

"挑战杯"是全国大学生系列科技学术竞赛的简称，是由共青团中央、中国科协、教育部和全国学联共同主办的全国性的大学生课外学术实践竞赛。"挑战杯"竞赛在中国共有两个并列项目，一个是"挑战杯"中国大学生创业计划竞赛，另一个则是"挑战杯"全国大学生课外学术科技作品竞赛。这两个项目的全国竞赛交叉轮流开展，每个项目每两年举办一届。挑战杯系列赛被称为中国大学生科技创新创业的奥运会，它也是我国最具代表性、权威性、示范性和导向性的大学竞赛。作为学生科技活动的新载体，创业计划竞赛在培养复合型、创新型人才，促进高校产学研结合，推动国内风险投资体系建立方面发挥出越来越积极的作用。

第二节 国内外创新创业教育

一、国外创新创业教育启示

（一）国外创新创业教育发展沿革

美国的创新创业教育一直走在世界前列，引领全球的创新与创业潮流，其创新创业起步较早，而后经历了一个长期发展过程，逐渐走向成熟。美国高校的创业教育可以追溯到 20 世纪 40 年代。1947 年，哈佛商学院设立了一门名为"新企业管理"的创业课程，开创了大学开展创业教育的先河。20 世纪 60 年代后期，美国百森商学院以蒂蒙斯教授为代表的几位优秀的经济学家预测到"美国正处在一场静悄悄的大变革"中，也就是所谓的"创业革命"，首次提出了"创业教育"的新模式。进入 20 世纪 90 年代，随着互联网的广泛应用，美国的创新创业教育逐步形成了一个完整的社会体系和教学研究体系。德国的创新创业教育，受所处不同历史时期的政治、经济、文化、社会等因素的影响，也呈现出不同的发展特点。

1. 萌芽阶段 1919 年，美国商人霍勒斯·摩西创立了青年商业社区，在美国教育领域发挥了重要作用，旨在使青少年学生在工商业界志愿人士的指导下学习实际商业知识，获得商业经验，从而自己组织和经营小型公司。20 世纪 50 年代，德国模拟公司建立，以丰富学生的专业知识、增强职业学校经济学学生的实践技能为主要目的，学生可以通过模拟公司了解业务运营及业务部门之间的联系。

2. 起步阶段 20 世纪 70 年代，美国经济社会发生了前所未有的变化，不仅是大公司成为美国经济的支柱，新兴的中小企业也获得了较大的发展。20 世纪 80 年代以后，新兴的中小企业在美国经济发展中的作用也日益强化。20 世纪 90 年代中期，德国传统就业市场萎缩，大学生失业率达到了 60 年来的最高点。通过在资金、创新创业教育课程设置等方面采取一系列措施，德国的创新创业教育取得了一定的发展，创新创业开始逐渐受到政府和高校的重视。

3. 发展阶段 进入 21 世纪以来，美国的创业教育开始贯穿于学生成长的全过程，更加注重通过不同的途径对学生全局观及领导力的培养，创业教育理念也从最初追求功利性转变为培养创新精神和创业素质为核心的"素质教育"。德国政府鼓励高校及研究机构与业界开展产学合作，基本形成了健全的政策体系、完善的教育课程、科学的教育管理、浓厚的文化氛围，建立了一个更完整的创新创业教育体系。

（二）国外创新创业教育经验做法

1. 注重创新创业生态体系建设 美国高校经历了教学、研究、创业的线性发展过程，美国大学的转型发展极大地促进了大学生的创业，同时也推动了高校创新创业教育的发展。政府一方面积极推进创新战略和政策，另一方面高度重视创业生态系统的建设，通过建立创新创业的支持机构、出台财政支持政策、完善社会服务体系、培养创业文化等措施，形成了一个多维度、多部门、多学科的创新创业体系。德国，则特别强调创新创业教育中不可缺少的"工匠精神"，更加注重创新创业的细节与风险。

2. 高校逐步开设创新创业课程 1974 年美国仅有近百所大学开设创业学课程，至 1985 年时已达二百所，1999 年则多达一千余所。学校通过开设多层次、独特和专业的课程，以满足学生不同层次和类型的需求。学校积极开展创新创业教育，建立了全面而丰富的创新创业课程体系，包括普通教育、基础教育、基本技能培训和学生创新创业能力发展，通过明确培养理念和目标、开设创新创业课程、打造创新型教师团队、举办丰富多彩的创新创业比赛等措施，广泛开展创业教育，大大提高了大学生创新创业的素养和技能。

3. 社会各界积极支持创新创业 无论美国政府、社会还是企业，都大力支持创新创业教育，投资界和社会组织更是深入参与创新创业。高校特别是应用技术型大学重视与企业间的密切合作，注重完善产学研人才双向流动政策及科研成果的社会转化。如 IBM、谷歌、微软等公司通过投入资金技术，支持初创企业发展的同时，赞助开设创新创业课外活动、开发相关教育课程，为学生提供相关技术和工具支持，发挥学生创新创业潜能。在德国，大型公司、企业大多设有支持大学生创业的专项基金，对合作大学的创业项目给予支持。

（三）国外创新创业教育发展态势

1. 优化政策环境，持续改革创新　德国政府出台了一系列高技术战略创新方案和创新企业扶持政策，为开放创新创业市场、充足的融资机会和知识产权保护提供了公平竞争环境。通过给予初创企业补贴、提供咨询服务、简化办事流程、保护知识产权等支持，为初创企业提供精准服务，提高国际竞争力。美国政府一方面继续实施教育、技术、工程和数学（STEM）改进计划，加大基础设施建设投入，另一方面实施全球高层次人才发展和引进计划，构建先进的信息技术生态系统，建立全国输配电智能网络，支持高速网络，建立具有国际竞争力的创新教育体系。

2. 提供启动基金，市场竞争有序　2010 年，德国政府颁布了《德国 2020 高科技战略》，重点关注气候变化与能源、健康与营养、移动、安全和通信五大领域，旨在优化创业基本条件，为中小企业与科学界间可持续联合研发项目融资营造良好的创业环境，激发企业的创新能力。美国政府通过实施《中小企业工作条例》、改革知识产权制度、创造法律环境、优化网络资源，进一步促进创新创业环境的开放透明，推动有序竞争市场的形成，创新资助形式，抵制壁垒限制，实现集群发展。

3. 培育科技力量，密切业界联系　美国政府依靠引领创新潮流的尖端科技，重视大数据技术革命、重点发展能源经济、支持先进制造技术的发展、开发新一代的全球定位服务，以引领未来经济发展。此外，通过开发互联网、"云计算"和数字设备，改善教育技术、提升竞争优势。2013 年，德国政府提出了以信息技术发明推动智能化制造为主导的"工业 4.0"战略，该项目是第四次工业革命的开端，帮助德国实现了全方位的资源系统整合。为了促进创新国际化进程，提升创新体系在科技界和经济界的密切联系和优势地位，德国联邦政府进一步加强对科技界创新方向的指导，鼓励科研机构和企业展开多样化合作，互利共赢。

4. 推动创客运动，专注全球产业　作为第一个发起"创客运动"的国家，自 2014 年起，美国将每年 6 月 18 日确立为"国家创客日"，以支持"创客"及"创客运动"。截至 2015 年 5 月，全球 120 多个国家共有 1899 个"创客空间"，其中美国拥有最大的"创客空间"。"创客运动"被视为振兴美国制造业和经济创新的重要工具。《德国 2020 高科技战略》强调关注欧洲的未来和新的战略重点，经济和科学界制定启动了"基础研究——能源 2020 ＋计划"，列入德国联邦政府的高科技发展实施战略。2014 年，《欧盟 2020 年计划》在领导产业发展的领域预算主要投向新一代信息技术、纳米技术、生物技术、制造技术、空间技术等技术领先（LEIT）领域。

二、我国创新创业教育现状

（一）政府大力支持创新创业教育

1. 完善创新创业服务体系　首先是开展创业孵化示范区建设，探索创业孵化新模式。其次对大学生、农民工返乡人员、退役军人等提供培训服务，提升其创新创业的能力，实现自主就业。再者是完善"互联网＋"创新创业服务体系，为创新创业提供互联网支撑，提高创新创业企业的信息化水平。

2. 营造良好的创新创业环境 各级政府进一步减政放权，提高创新创业的活力，提升开办企业的便利度，加快企业标准化建设，推进公共资源的开放，促进资源的共享。同时，落实责任主体并加强对"互联网＋"经济模式的监管，促进创新创业工作稳步发展。

3. 加大政策扶持力度 一是加大财政政策的扶持力度，如对学校科技园和符合条件的"创客空间"免征收房产税，为大学毕业生提供小额贷款担保。二是完善创新创业融资体系，加大对"中小微企业"的金融扶持力度。三是发挥政府采购功能，加大对核心技术产品的支持力度。

4. 推动科学技术创新 实施"中国制造2025"战略，加大对科技创新的投入和支持力度，重点开展新工科技术人才培育工程，提高国家自主创新能力。健全科技成果的转化组织和体制建设，支持科技资源的开放共享，鼓励科研院所和企业展开广泛合作。

（二）高校积极开展创新创业教育

1. 优化创新人才培养模式 高校深入贯彻国家教育发展战略，不断强化创新人才培养的中心地位，开展各种形式的创新创业教育，积极探索推进"订单培养"模式，加强"校企合作"，开展"联合培训"，实施"一体化教育"，支持学校和企业共同建设学院、专业、实验室等，实现教育培养目标与市场需求的无缝对接。

2. 构建创新创业课程体系 高校根据人才培养创新创业教育的目标要求，促进专业教育与创新创业教育有机融合，优化课程设置，打破学科间的壁垒，挖掘双创素质教育资源，将创新创业教育融入传授专业知识的过程中，形成独具特色的创新创业教育模式。

3. 搭建创新创业实践平台 高校通过建立大学生创业实践基地、创新创业俱乐部等创新创业实践基地，加强专业实验室、虚拟实验室和培训中心建设，为大学生提供创新创业的实践平台，同时应促进实践教学平台共享。

4. 提供创新创业指导服务 高校设立专门的创新创业教育服务机构，负责协调和指导各专业的创新创业教育，为自主创业的学生提供全程指导、一站式服务，并进行持续帮扶。举办讲座和培训沙龙，邀请成功创业校友分享创业故事和创业经验，对创业学生进行现场指导。

（三）社会各界广泛参与创新创业教育

1. 创建孵化基地 高校依托企业建立创业苗圃、孵化基地、创新创业园区，引入创新创业项目、先进科技和科研人员，提供相应服务，建立以企业为主体、市场为导向、产学研深度融合的技术创新体系，加快提升企业技术创新能力。

2. 搭建组织平台 建立新型研发机构、产业创新科技园、产业技术研究机构等创新组织和平台，构建基于互联网平台的相关标准规范，统筹创新活动项目布局，促进科技成果转化和产业化，增加创新创业新动力。

3. 设立专项基金 社会企业及民间组织积极响应政府号召，建立创新投资基金，帮助初创企业成长发展。大型公司、企业大多设有支持大学生创业的专项基金，对合作大学的创业项目给予支持。同时，推动科技成果转化和市场化，实现高质量的创新创业。

4. 开展创业活动 通过校企合作、创新实践、创业培训等活动，为学生提供丰富的创新创业教育资源和重要的创新创业实践场所，营造浓郁的创业文化和优良的创新创业氛围，增强企业创新创业的参与度。

三、我国创新创业教育发展趋势

（一）深入实施创新驱动发展战略

实施创新驱动发展战略、建设创新型国家是习近平总书记关于科技创新重要论述的主要内容。党的十八大以来，我国创新型国家建设取得重大进展，国家综合创新能力从2012年的世界第20位上升到2019年的第15位，全社会研发投入占GDP的比重已达2.19%，高于欧盟15国平均水平，我国已成为具有重要国际影响力的科技大国。深入实施创新驱动发展战略、决胜迈进创新型国家行列，将国家创新驱动发展战略与高校创新创业教育有机融合，抓住发展机遇，聚集优势资源，优化创新创业环境，激发人才创新活力，引导学生实现社会价值和自我价值的统一，对于支撑我国全面建成小康社会、实现第一个百年奋斗目标具有重要意义。

（二）完善创新创业教育生态体系

政府、高校、企业在创新创业教育中拥有各自的优势资源，是创新创业教育生态体系的构成主体。通过政府引导、企业参与、高校推进，建立起完整的创新创业教育生态体系，能够积极推动创新创业战略的实施，有效促进学生就业、企业创新和地方经济发展。政府是创新创业教育的积极引导者，在高校创新创业教育生态系统中发挥着重要作用，能够在政策制定、资金支持、舆论导向、服务体系、部门协调等多方面为高校创新创业教育创造良好的外部环境。企业是创新创业教育的重要实践平台，在高校的创新创业教育中起着重要的示范作用，他们是大学毕业生创新创业最直观的感受和奋斗目标。

（三）提升科技创新支撑引领作用

科技创新是推动国家发展的重要动力，也是实现国家安全的重要保障。互联网与人工智能、制造业等领域的深度融合，引发了传统生产方式的颠覆性变革，全球科技创新进入高度密集活跃期，信息技术与生物技术不断融合，人工智能、量子信息、区块链、脑科学、基因编辑等新兴技术加速迭代，各层次各领域的技术都在加速突破。科技的渗透性、扩散性、颠覆性特征，正在对全球产业体系、经济发展方式、伦理规范、治理规则等产生深刻影响。顺应时代的潮流和趋势，充分挖掘信息科技对创新创业的推动作用，深刻理解和把握国内外形势新变化，坚持把科技创新作为最核心、最关键、最可持续发展的竞争力，不断提升科技创新的支撑引领作用。

▶ **知识拓展**

创客

创客（Mak - er）是指从事某种创造活动的人。这个词来自英语单词 Mak - er，来自麻省理工学院微加工实验室的实验课题。核心内容是客户中心、个人设计、个人制造，参与实验项目的学生即创客。在中国，"创客"和"大众创业，万众创新"紧密联系，指具有创新理念、自主创业的人。他们代表新人类，坚持创新，注重实践，愿意分享，追求更美好的生活。创客表达了对生活的积极态度，同时坚信通过行动和实践找到问题和需求，并试图找到解决方案。客观地说，创客反映了理性思考。

本章小结

本章重点阐述了创新创业教育的内涵及创新创业教育的目的和意义，并对国内外创新创业教育进行了分析。通过本章的学习，应使学生了解到创新创业教育是我国高校人才教育的一次改革，是实施科技兴国的重要举措，高校创新创业教育必须从我国实际出发，借鉴国外实践经验，构建具有中国特色的创新创业教育体系。同时，医学院校应积极探索创新创业教育与专业教育相结合的创新创业模式，加快培养创新创业医学人才，促进我国医疗卫生事业的可持续发展。

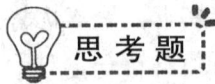

思考题

1. 大学生为什么要开展创新创业教育？
2. 你认为应该如何激发大学生创新创业热情？

第二章 创新与创新思维

📖 学习目标

知识目标

1. 掌握创新和创新思维含义、作用。
2. 熟悉几种常见思维障碍的成因及解决方法。
3. 了解如何培养大学生的创新思维。

技能目标

1. 能够运用突破思维障碍的两种方法解决现实问题。
2. 积极运用所学知识加强创新思维训练。

💬 案例讨论

【案例】中国高铁发展迅猛，"复兴号"高铁的提速，让中国高铁再次成为世界最快速的列车群。这是中国"引进－消化吸收－再创造"技术路线的典范。从"和谐号"到"复兴号"，中国高铁驶入了完全自主知识产权的时代，"复兴号"的技术标准中，中国标准占了84%，多项关键技术均为我国自主研发，具有完全自主知识产权，"中国标准"成为世界高铁的"新名片"。高速便捷、四通八达的高铁"网络"，不仅方便了人们旅行，更提升了经济效益，这是中国创新驱动，加快经济发展的重要成果。

【讨论】1. 创新给我们的生活带来哪些改变？

2. 中国高铁成为"中国名片"，源于哪些创新？

第一节 创新的内涵

创新是一个民族进步的灵魂，是一个国家兴旺发达的不竭动力，对民族和国家具有重要意义。树立大学生创新意识，培养创新精神对于推动青年学生成长成才十分重要。

一、创新的含义

创新，是以一种新的思想、创造、发明、技术和新描述为特征的概念化过程。从社会学上来说，创新是人类为了满足日益增长的物质、精神和社会要求，借助已有的知识基础，不断尝试，打破常规，创造出新颖而富有价值的活动成果。创新的原意有三层：一是革新，即对现有的产品、技术、概念等进行改变或更新；二是创造新的事物；三是改变，即对原有的事物进行优化和改造。

简单来说，创新就是创造新的事物和改进原有的事物。一般而言，创造和改进的内容包括：思想、产品、技术、方法、管理模式、用人机制、经济体制等方面，包括所有有形事物、无形事物、物质文明成果和精神文明成果。归纳起来主要有以下几点：

1. 引进新的产品，将消费者不熟悉的产品或者服务引入市场。

2. 引进先进的生产技术，为生产、制造企业引进尚不被知悉的先进生产技术。

3. 开辟新的市场，进入一个新的市场，该市场可能存在，可能不存在。

4. 获取新的供应来源，原材料或半成品的供应来源有存在的可能，也有尚未发掘或者无法获得的可能。

5. 建立新的组织，建立与产品创新相应的新的组织方式。

二、创新的特征

1. 目的性　每一项创新活动都有自身目的，而这一目的将始终贯穿于创新的全过程。

2. 革新性　创新本身是对已有事物的改革，而且是一种深刻的变革。

3. 新颖性　指对现有技术的创新，即淘汰旧事物，确立新事物。创新的新颖性分为三个层次：①绝对新颖性；②局部新颖性；③主观新颖性，即仅仅为生产者个人主观意识的新颖性。

4. 超前性　创新的核心是求新，具有超前性。但这种超前不能脱离实际，要实事求是，从实际出发。

5. 价值性　创新往往具有价值性，促进社会经济发展，带来一定的经济效益。如利乐公司无菌包装的创新设计，让牛奶可以不需要冷藏和防腐剂，可有效隔绝光线、氧气及外界的污染，从而保证包装内容物无须冷藏和防腐剂即可拥有较长货架期，既解决了长途运输对产品保质期的挑战，又避免了食品的浪费。同时，在牛奶生产、运输、储存、销售的全过程中，由于不需要冷藏设备，更加有利于节能减排，对环境保护有着积极的意义和价值。

三、创新的作用

1. 创新是发展的动力　创新是推动社会发展，国家富强的动力。只有通过创新，企业赖之以赢，人民生活赖之以好。一个国家创新能力的强弱，在当代社会已经成为影响国际社会综合国力竞争的重要因素。世界发展瞬息万变，企业只有树立创新意识，培育创新精神，提升创新能力，才能在社会发展中步步为赢。可以说，在当今社会，"不创新就会被淘汰""创新慢就会落后"已渐渐成为世界商业不成文的游戏规则。

2. 创新是成功的基石　一个企业的发展壮大离不开创新。很多我们熟悉的企业，正是因为创新而迅速崛起并走向成功。阿里巴巴集团创始人马云创新性地把 B2B 与互联网相结合，快速建立"淘宝""阿里巴巴""支付宝"等集批发、销售、电子支付第三方平台于一体的电商王国。腾讯公司董事会主席马化腾创立的腾讯"QQ"一直成为人们主要的社交工具，但腾讯没有停止创新的步伐，2011 年推出的"微信"让腾讯再创辉煌。截至 2020 年第一季度，微信及 WeChat 的合并月活跃账户数达 12.025 亿，微信小程序日活跃账户数超过 4 亿。创新让企业充分发挥主动性，深入了解市场，生产商品和提供服务，满足消费者的需求，能够与时俱进，不断适应市场的发展。

3. 创新是能力的体现　现代企业中，管理者也更加青睐于那些勇于创新、善于提出新的创意和点子的员工。创新能力也是预测企业生存和发展的重要风向标。如果企业的创新能力变弱，创新周期在缩短，那么意味着企业的生命周期也即将变短。

第二节　创新的类型和模式

一、创新的类别

（一）知识、产品、管理和营销创新

1. 知识创新　知识创新是获得新的基础科学和技术科学知识的过程。探索新发现、找寻新规律、建立新学说、开创新方法、建设新知识是知识创新的根本目标。知识创新是技术创新成果的基石，是科技进步和经济增长的动力和源泉。知识创新为人类认识世界、改造世界提供新理论和新方法，为人类文明进步和社会发展提供核心动力。

2. 产品创新　产品创新是创造新的产品，或者在原有产品的基础上，进行完善和改进，创造出性能更显著的产品。产品创新在创造新的产品或对产品进行改进时，目的在于满足顾客需求或开发新的市场。

3. 管理创新　管理创新是对现有的管理机构和管理模式进行新的改变，在原有的管理基础上，进行创新和改进。

4. 营销创新　营销创新指创立新的营销方式，包括营销理念、产品设计、销售渠道、促销方式、价格策略、购买方式等。当今中国，互联网营销如浪潮一般铺天盖地，人们已经习惯从线下到线上的购物方式，原有的现金支付，日益被"微信""支付宝"所取代。很多曾经门庭若市的实体店客流量骤减，许多商家都顺应时代的潮流，开展了线上销售业务。

（二）技术创新和非技术创新

1. 技术创新　技术创新包括产品设计、生产流程、生产工艺、生产模式等方面的创新，是以创造新技术为目的的创新，或以科学技术知识及其创造的资源为基础的创新。前者好比创造一种新的激光技术，后者好比依托现有激光技术基础，开发一种新产品或提升新的服务。两种技术层面的创新，常常合二为一，是企业竞争优势的重要来源，也是企业可持续发展的重要保障。认识技术创新本质、特点和规律，是技术创新有效管理的重要前提。

2. 非技术创新　创新本身的性质不具备技术性，主要是市场营销、组织管理、制度体制、经济结构、管理模式等方面的创新。非技术创新为技术性创新提供环境、制度和政策的相关保障，作用和影响甚至大于技术性创新。

比如餐饮行业竞争激烈，只有创新才能赢得顾客。我国某知名餐饮公司通过差异化服务、商业模式革新等非技术创新，使其成为餐饮行业标杆企业。在顾客习惯和偏好上，公司进行了顾客细分；在饮食地域差异上，设计了麻辣、番茄、药膳等不同口味锅底；在价格上，创新采用半份点菜和免费提供水果、粥、小点心等形式，弱化顾客价格敏感度；在特色服务上，推出了免费美甲、擦鞋、手机贴膜等；在顾客环境要求上，店内设有包厢、卡座及儿童游乐场，并派专人看管，满足不同顾客需求。创新的特色经营，为公司赢得了"五星级"火锅店的美誉。

（三）原创创新与模仿创新

1. 原创创新　原创创新是最根本的创新，是一个民族在人类文明前进步伐中所作出的贡献，

是智慧创新的体现。主要包括重要科学创造、新技术发明、全新理念的提出等创新成果。原创性创新是在研究开发方面，获得独有的发现或发明。原创创新有三个特点：一是独创性，发明或发现具有非模仿性和差异性；二是突破性，在原理、技术、方法方面或多个方面，开创了新的变革；三是带动性，对产业结构和产业形态的重大变革。科学、技术原创创新，推动经济进步，带动产业结构变迁，影响产业形态变化。在微观层面上将引发企业竞争态势的变化，在宏观层面上则有可能导致社会财富的重新分配、竞争格局的重新形成。

2. 模仿创新 模仿创新是在模仿的基础上进行的创新，包括模仿后再创新和完全模仿创新两种模式。模仿后再创新，是对发明或技术进行创新和改造，即掌握他人的技术后，进行消化吸收，再"加工"创新，超过他人的创造成果。模仿创新要求企业首先掌握被模仿产品的核心技术，再进行产品功能、外观和性能等方面的改进，使产品更具市场竞争力。

模仿创新的优势在于研发费用的降低和市场培育时间的缩短，既能避免投资风险，又能跳过市场介绍期的各种不稳定性。当然，并不是每一种新技术都能轻易被模仿，中国的知识产品保护意识在不断加强，专利制度不断完善，各类创新都需要遵循知识产权法律法规。

二、创新的模式

创新意味着改变，推陈出新无不诉说着一个"变"字，创新的模式新颖多样，选择适当的创新模式，是创新成功的一部分。

（一）产品创新与工艺创新

1. 产品创新 创造新的产品或对产品进行改进，满足顾客需求或开发新的市场。

2. 工艺创新 完善或者变革产品的生产技术及流程，包括新的生产工艺和新设备的更新。

3. 价值创新 价值创新不仅仅是通过提高产品的技术竞争力，而是为顾客创造更多的价值，吸引消费者，最终使企业与消费者获得更多价值。

（二）维持性创新与颠覆性创新

哈佛大学的克里斯坦森在他的专著《创新者的窘境》中提出了两种创新观点，一种是维持性创新，一种是颠覆性创新。维持性创新是在原有的概念、产品、技术等方面进行新的改进和改变；颠覆性创新是提出新的概念，发明新的或更为先进的产品，创造新的技术。

（三）开放式创新与封闭式创新

1. 开放式创新 开放式创新是破除传统封闭式的创新模式，积极引入外来创新。借助外部的创新研究能力，结合内部创新研究能力，共同拓展市场的创新方式。

2. 封闭式创新 封闭式创新相当于在企业的边界筑起了一道厚厚的墙，无论是在企业的研发、销售还是服务阶段都与外界隔绝。所有的项目需要企业独立完成，包括研发、生产、销售、售后及财务支持，当然也需要企业有足够的资金供给以及有力的研发能力。封闭式创新适用于需要保证技术保密、独享和垄断的企业，企业在内部形成"良性循环"。

三、创新的过程

创新是一个循序渐进的过程，从探索到形成共经历以下四个步骤。

1. 准备阶段 对问题有强烈的探索热情与期望，且有广博的知识、经验积累。

2. 构想阶段　发现或者找寻创新的主体，围绕创新主体，根据已有的理论和收集到的相关问题，提出新的创新构想和设计。

3. 实践与完善阶段　针对提出的创新构思和设计进行试错的过程，发现问题并寻找问题的解决方式方法。

4. 成果验证阶段　确定创新构想和设计是否取得成功，最后才能形成成果或者模式。

第三节　创新思维

一、创新思维的含义

创新思维也被称为创造性思维，指的是以新颖、独创的方法解决问题并产生具有社会意义的新成果的思维方式或思维活动。

1. 狭义上的创新思维　指的是对整个人类世界、对现有的事物而言，创造出了前所未有的具有重大价值的事物和理论。例如，解决医学难题的某个具有突破性的全新理论。这一层次的创新思维相对小众，只是少数精英的思维活动。

2. 广义上的创新思维　指的是相对个人而言，思考自己所不熟悉的问题，由于没有现成的思路可供套用，创新主体只好通过发散、聚合等方式，提出新办法的思维活动。从广义上看，凡是对某一具体的思维主体而言，能够提出新的、有意义的解决办法的思维方式或思维活动，都可以视为创新思维。它既存在于科学的重大发明中，也存在于日常生活问题的解决中，此时，每个人都有实现创新的可能性。

创新思维的实质是对不合时宜的现实事物进行否定性评价，促进事物的创造、更新、变革和发展的思维。它能突破常规思维的障碍，以非常规的方法、视角去分析特定的问题，提出前所未有的解决方案，从而产生新颖的、有价值的成果。所以，创新思维并非少数发明家或天才人物专有的素质，而是任何一个正常人都可具备的思维方式。

二、创新思维的特点

创新思维是思维的高级形态，同常规思维相比较，创新思维具有以下五个方面的特点。

1. 独创性　创新思维的独创性，又被称为新颖性、唯一性，指的是思维活动独立于他人思维成果的思维模式，它没有现成的套路可搬，甚至尚无规律可循，在一定范围内具有首创性，必须要打破现成的、常规的思路约束，用与众不同的、前所未有的新角度分析问题并提出新的解决方案。

独创性强调的是思维的个体差异性。具体而言，创新思维的独创性，即创新主体在进行独立思考时，能提出具有新颖性的、有价值的解决方案，并且能够在方案实施过程中不断地完善、促成创新成果。强调思维的个体差异性，则无法丢弃"独特创造"的核心内涵，因此，独创性是创新思维的首要特点。

2. 开阔性　创新思维的开阔性，也被称为开放性，指的是思维活动有多领域、多层次、多方面等开阔空间。此时，思维不再是逻辑实证的、单一的、平面的活动，而是扩充到各种领域、多种层次、全方位的深刻思考。只有这样，才能获得更完善的全新认知，创造出前所未有的新成果。

对于某一个问题，常规思维的思路比较少，思维所涉及的范围也较狭窄，往往只能给出相对固定的解决方式。而创新思维能够打开思路，在广泛的领域内寻找到新的突破点，最终实现创新。

3. 灵活性 创新思维的灵活性，也称变通性，即灵活地应用各种思维方式进行思考。在进行创新思维活动时，没有现成的套路可搬，人们需要转换思路，独辟蹊径。所以思路的迅速变化、思维领域的灵活转移是十分必要的。

灵活性是思维发散的关键。大学生创新创业道路上的阻碍，往往表现为各种"不可能"的难题。例如，当产生了创业的想法而又缺乏启动资金时，不少大学生就选择了放弃，在他们看来，没钱是"不可能"创业的。此时，创新主体的思维发生了中断，思维任务无法继续下去，创业遇到瓶颈、危机重重。只有灵活地发散思维，继续寻找问题的解决路径，才能突破瓶颈，重获生机。

4. 风险性 创新思维的风险性，指的是创新思维活动需要付出一定的代价、可能面临失败的结局。事物是不断发展变化的，这意味着创新思维的实施过程具有一定的风险性。同时，实施创新思维的结果是不确定的，它可能成功，也可能失败，这种不确定性也构成了创新思维活动的风险。

创新思维的风险性，表现为以下两个方面：①主观预判错误、操作不当的风险。对革新创造而言，成功往往源自正确的预判，反之，失败则是预判错误留下的祸根。②外部不利环境的阻挠。创新思维活动是探索未知的活动，它往往需要对传统、偏见发起进攻，这无疑会遭到传统势力、现行权威、现实生活中的偏见等外部因素的反攻，导致受阻或失败。大学生在创新创业中，应该注意从内外两个方面进行风险防范。

5. 综合性 创新思维的综合性，也称概括性，指的是从整体上认识和把握事物的各个部分，从而认识事物的本质和规律的思维过程。创新是综合意义上的创新，创新思维本质上是辩证综合的过程。任何创新创业活动，都需要综合分析创新创业环境、综合利用他人的思维成果，在前人的基础上实现新的突破。

创新思维的综合性，表现为三种思维能力：①总结智慧。表现为善于总结他人的智慧，丢弃其中不合理的成分、突出其精华成分，集各家所长，形成具有独创性的新智慧。②统摄信息。表现为在实施创新思维活动的过程中，将获取的大量信息、资料进行综合分析、科学地概括整理，形成能准确反映客观事物的正确认识，从而做出正确的判断。③辩证分析。辩证分析是创新思维具有综合性的前提，任何综合都是分析基础上的综合，只有辩证地分析事物的不同方面，才能全面地、动态地进行综合，形成切合实际的新认识。

三、创新思维的类型

（一）逆向思维

所谓逆向思维，也称反向思维、求异思维，指的是相反于原有的思维方式或常规结论的思维模式。矛盾无处不在，事物都是对立统一的，具有两面性。因此，思考问题时，既可以从正面出发，也可以从反面出发。从反面思考问题，有时会达到别有洞天、豁然开朗的效果。如温度计的诞生，意大利物理学家伽利略曾应医生的请求设计温度计，但屡遭失败。有一次他在给学生上实验课时，由于注意到水的温度变化引起了水的体积的变化，这使他突然意识到，倒过来，由水的体积变化不也能看出水的温度的变化吗？循着这一思路，他终于设计出了当时的温度计。汽车产业从创立之初主流发展是往动力、空间、舒适度的创新。1933 年，波尔舍博士设计了一种大众化的汽车，1938 年 7 月 3 日在美国人的《纽约时报杂志》上，第一次将该车称为"一只可爱的小甲壳虫"。60 年代甲壳虫刚进入美国时根本就没有市场，因为他和主流的汽车消费价值观不符。著名广告大师伯恩巴克反其道而行之，提出"Think small（想想还是小的好）"的主张，运用价值颠覆的力量，改变了美国人的观念，使美国人认识到小型车的优点。从此，大众的小型车就稳执美国汽车市场牛耳。逆向思维是最常用的创新思维，主要具有以下三个特点。

1. 普遍性　逆向思维普遍存在于各种领域和活动中。思考问题的时候，我们可以多想想"是不是可以反过来想、反过来做"。

2. 批判性　正向思维以常规性的、常识性的或习惯的思路寻找问题的解决办法。逆向思维则批判正向思维的结论，批判地看待传统、常识和惯例。

3. 新颖性　当常规的解决办法已经不能满足人们的需要时，反向思考有助于找出新的解决方案。例如，人类一般通过进食来解决饥饿的问题。对于无法进食的病人来说，这一方案失效了。于是反过来思考：进食是解决饥饿的唯一办法么？答案当然是否定的，注射营养液等办法也可以解决饥饿的问题。

（二）横向思维

所谓横向思维，也称水平思维，指的是一种在同一水平线上左右推移的思维模式。横向思维是相对于纵向思维而言的。纵向思维即通过一步接一步的设想和推理的一种直线式的思维模式。例如，挖井时纵向思维强调对单一某处进行深入挖掘，而横向思维则强调对多处可能的地点进行挖掘。如田忌赛马中"今以君之下驷与彼之上驷，取君之上驷与彼中驷，取君中驷与彼下驷"，终使田忌三局两胜，得金五千，这就是横向思维所生妙想之实例。横向思维有以下三个特点。

1. 同时性　即在确定的时间范围内，研究事物各方面的相互关系，同时采用多种解决方案。例如，"十三五"期间，推动健康中国建设，实施"让人民群众吃得放心"食品安全战略的同时，也要建立覆盖城乡的基本医疗卫生制度和现代医院管理制度。

2. 横断性　即对事物进行横向比较，选取历史的某一横断面，研究同一事物在不同环境中的发展状况，比较特定事物与周围事物的相互关系，研究该事物在不同环境中的表现。

3. 开阔性　即研究特定事物时，比较众多的事物及其关系，参与比较的事物、关系越多，越有利于深刻认识特定事物的优缺点。

（三）发散思维

所谓发散思维，也被称为多向思维，指的是从特定问题出发，以多种路径去思考多种解决方案的思维模式。一个问题的答案往往不是唯一的，因此有必要朝着各种可能解决的方向，从多角度、多层次、多因素、多方面去整体思考，而获得"一题多解"的开阔视野。如人类穿衣材料的变化，从树叶 - 兽皮 - 麻类植物 - 蚕丝 - 人造纤维等。农民科学家、"棉花迷"吴吉昌曾经为棉花落桃问题而苦恼。有一天，他看到瓜农在甜瓜刚刚长出两片真叶时就打顶，便上前询问这是为什么？瓜农回答这样做既可以促进瓜秧早坐瓜、多坐瓜，又可以防止嫩瓜脱落。吴吉昌马上从甜瓜想到到了棉花，甜瓜和棉花虽然不是一回事儿，但结瓜和结棉花是它们的共性，能不能把这个方法用到棉株上呢？吴吉昌想到就干，不避寒暑坚持实验，终于在减少棉花落桃问题上获得了新的突破。现代心理学认为，发散思维是创新思维的核心，它具有以下三个特点。

1. 想象性　即从各个方向思考、解决问题。充分发挥丰富的想象力，有助于打开思路，避免思维的片面性。

2. 流畅性　即能很流畅地针对刺激做出反应，而且流畅地进行思考扩散，无阻碍地完成思维表达。

3. 灵活性　即思维的路径能快速地转换，进而得到更多的解决方案。

（四）聚合思维

所谓聚合思维，也称收敛思维、求同思维、辐合思维，是一种把众多的信息、解决方案聚合到一个焦点上，最终得出合理结论的思维模式。作为收敛、聚合的思维方式，它围绕思考的对象，向着解决问题的中心方向思考。在第二次世界大战时期，盟军从海上对日本本土发动进攻，首先进攻的是日本琉球岛。盟军在逐个攻占岛屿的时候，出现了很大的困难，日本人在海滩附近建造的地堡给登陆的盟军部队造成了很大的伤亡。这些紧密排列的地堡形成了强大的交叉火力，相互支援，使登陆部队完全处于被动挨打的地位，不能前进一步。为了减少损失，盟军指挥部命令在部队登陆之前，先用猛烈的炮火对海滩附近的地堡进行打击，但这样做收效甚微，因为琉球岛的绝大多数岛屿都是由火山岩构成的。日本人花了十多年的时间在熔岩下建立起来的地堡相当坚固，即使地堡表面有一些损坏，也不会被完全击毁。这样盟军登陆时仍会有很大伤亡。盟军指挥部讨论敌我双方优势时，想到地势平坦是盟军暴露在敌人火力之下造成重大伤亡的原因，但同时又是盟军部队迅速靠近地堡的有利条件之一。另一个有利条件是地堡空间小，不可能有重武器，所以不能对坦克等装甲部队造成威胁。在比较多种方案后，他们想到的办法是：将拌好的混凝土用坦克式推土推到地堡口，把地堡枪眼封死，最终取得了胜利。聚合思维主要有以下三个特点。

1. 同一性　即聚合思维追求同一性，在同一性之中找到解决问题的办法。专家在对"长寿村"的研究中发现一个共同点，那就是村民们所饮用的水中富含某种矿物质，并对这个共性进行深入研究，从而找出使人长寿的某个原因。

2. 程序性　即在解决问题的过程中，有一定的操作程序。先做什么，后做什么，都有严格的程序，从而使问题的解决有章可循。

3. 比较性　即找到众多解决问题的途径、方案、措施或答案之后，对它们进行比较，然后选择最合理的那一个。

（五）灵感思维

所谓灵感思维，也称顿悟思维，即解决思路在短时间内突然出现的思维过程。钱学森曾说："我认为现在不能以为思维仅有逻辑思维和形象思维这两类，还有一类可称为灵感。也就是人在科学和文艺创作的高潮中，突然出现的、瞬息即逝的短暂思维过程。"可见，灵感思维是一种非逻辑思维形式，它的产生过程是非常短暂的。美国艾士隆公司董事长布什耐有一天在外面散步，他发现有几个小孩子正在玩一只小虫子。这只小虫子不仅满身污泥，而且长得十分丑陋难看，可是这几个小孩子却玩得津津有味。这一情景让他联想到：市场上销售的玩具清一色都是形象美丽的，凡是动物玩具，个个都面目清秀、俏丽乖巧。假如生产一些丑陋的玩具投放市场，销路又将如何？他决定试一试，于是他让设计人员迅速研制了一批丑陋玩具投放市场，没有想到一炮打响，市场反应强烈。灵感思维并非不可捉摸，它有以下四大特点。

1. 突发性 即灵感的产生是不可预料的。人们无法预知灵感会在什么时间、什么地点、受何种因素而触发。从时间上看，它突如其来；从结果上看，它使人意想不到。

2. 瞬息性 即经过潜意识酝酿成熟后产生的显意识灵感，其触发只能维持短暂的时间。灵感爆发之后，停留的时间很短，是瞬息即逝的。

3. 综合性 即灵感思维运转离不开多因素的综合。现代心理学认为，灵感思维可能与潜意识有关，人们所掌握的各种信息在潜意识下互相整合，形成了潜意识综合推论，这一潜在的结论，受到外部的刺激后会忽然"显现"。

4. 模糊性 即灵感所产生的新线索和新想法往往是模糊的，需要深入思考才能清晰呈现。灵感常出现于人们半睡半醒的状态，或是存在于显意识与潜意识的交叉过渡之中。这种模糊性，是灵感思维的突出表现。

四、创新思维的培养

创新思维的含义、特点及其主要类型，只是创新思维的表面性知识。为了深化认识，突破常见的思维障碍，每一位创业者还需要培养和训练自己的创新思维，以全面激发潜在的创新思维。

（一）几种常见的思维障碍

思维障碍可分为思维定式和思维偏见两大类，主要包括书本定式、从众定式、经验定式、权威定式、利益偏见、文化偏见、晕轮偏见等思维障碍。

1. 书本定式 所谓书本定式，指的是盲目信任书本知识的思维状态。具体表现为不会批判性地思考，只关心书本怎么说，奉书上的知识为金科玉律。书本作为信息载体，是人类文明的重要传承力量。通过书本，一代代人的宝贵智慧被保存下来，经典的书本更是哺育了一代又一代人。然而，书本定式往往也能阻碍创新的产生和发展，这是因为：①书本知识因滞后等原因不符合现实。知识一直在更新，书本知识难免存在滞后的问题。而创新是一种创造性活动，固执于可能已经落后的知识，是无法推陈出新的。②书本定式阻碍了创新思维的突破精神。创新精神本质上是对现存成果的永不满足，对取得独创性突破的持续渴望。盲目地信任书本，阻碍了创新思维的突破精神。

为此，在进行创新思维活动时，应该辩证地对待书本知识，不能全盘地肯定或否定。我们既要承认书本知识合理的一面，也要认识到书本知识不足的一面，充分考虑现实的情况，积极突破书本障碍，激发创新思维。

2. 从众定式 所谓从众定式，指的是习惯性地盲从众人的思维选择。这种盲从大众、随大流的思维模式，在生活中是很常见的。例如，在陌生的美食街吃东西时，人们往往选择人多的店铺；买东西时，不少人也会把产品的销量当成重要参考。从众定式使人们停止了独创性思考，极大地阻碍了创新思维的运转。

从众定式有两大成因：①群体稳定性所施加的群体压力。人是一种群居动物，有维持群体稳定性的需要，否则群体生活将不复存在。但人与人之间的差异性也是客观存在的，为此，往往需要遵从"少数服从多数"的原则。迫于群体压力，人们逐渐忽视了差异性，不再"求异出新"，压制了独创性思维的生长。②个体对群体的依赖性。除了群体给个体施加的压力，个体对群体的依赖性也促成了从众定式。例如，疫情发生时，哄抢板蓝根的行为时有发生。这种依赖性，往往是因为群体选择能带来安全感，使个体不自觉地盲从。

突破从众定式可以从以下两点入手：①批判潮流。即批判当下的潮流，不跟从众人的思路，选择保持自己的独立思考。②在遵纪守法的基础上，勇于做"出格"的事情。开展创新创业活动，往往需要有"第一个吃螃蟹"的勇气。

3. 经验定式 所谓经验定式，指的是盲目相信已有的经验，仅仅根据已有经验去思考和解决问题的思维状态。表现为只会想到"依照惯例"思考问题，而不是"开拓未知"。经验是人类的一笔宝贵财富，如果具备某一方面的经验，往往能更好地解决这方面的问题。然而，经验定式会让人的思维固定化，使人提不出、更解决不了新的问题，这是因为：①经验有一定的适用时间。过去的经验知识不一定符合现实，过去可行的办法，现在和将来未必灵验。②经验只给出有限的解决方案。迷信有限的解决方案，只会扼杀人的创新思维。因此，我们应该理性地看待经验，摆脱经验定式的束缚。

突破经验定式可从以下两点入手：①认识到自己的无知。人的经验和智慧是有限的，必须先承认自己是无知的，才有可能探索未知。认识到自己的无知，就不会盲目相信过去的经验，而是针对新情况、新经验，采取新的解决办法。②大胆采用超越经验的方法。超越经验的方法，即还没有被经验所证明的方法。例如，五百年前，麦哲伦所带领的船队环球航行成功，人类第一次证明地球是个圆球，显然，这是没有被经验所证明的方法。用超越经验的方法，并非无视经验，而是要敢于探索未知，使自己的经验成为全人类的首次经验。

4. 权威定式 所谓权威定式，指的是习惯于把权威意见当成判断对错的唯一标准的思维模式。具体表现为对权威的迷信和过分崇拜，认为权威的话等同于真理、真相、事实，甚至于当权威意见与事实不符时，不会去质疑权威，而是千方百计地维护权威、否认事实。权威定式会阻碍人的思考、束缚人的思想、扼杀人的智慧，以至于在权威面前无法做出最基本的判断。

权威定式有两大成因：①外界权威的影响、教化。人的成长经历，就是被外界权威影响、教化的经历。儿童们的权威是父母和老师，父母和老师的话都是真理而且句句管用。成长成年后，人们的知识和经验增多了，开始发现父母和老师的话未必正确，又把专家或名人们当成权威。甚至迷信权威，认为权威人士的理论和意见久经考验，肯定正确无误。②个体知识和经验的限制。人并非全知全能，一个人只能熟悉少数的专业领域，而对其他大多数领域则可能知之甚少。在未知的领域，人们只能求助于领域内的专家。多数情况下，专家们的意见是正确的。久而久之，人们习惯了迷信权威。

突破权威定式可从以下两点入手：①保持独立精神。创新创业活动往往需要在全新的领域内进行的，此时，并没有所谓的"权威"。作为开拓者，每一个人都是"新人"。因此，我们要保持自己的独立思考，相信自己的思考和判断。②敢于质疑权威。从时间上看，任何权威都只是一时的权威，新的权威必然会替换掉旧的权威；从空间上看，权威具有地域性，外国的专家未必能够解决国内的问题。因此，我们要勇敢地怀疑、追问、研究权威的意见。

5. 利益偏见 所谓利益偏见，指的是利益相关者，因为利益关系，产生一种无意识偏斜的思维状态。需要注意的是，它是在无意识中发生的。具体表现为人们会不自觉地思考如何维护己方的利益，做出各种有利于自己的选择。所谓维护己方利益，既包括维护自己的利益，也包括维护自己的亲属或其他关系亲密的人的利益。如果不克服利益偏见，容易出现"任人唯亲"、发展裙带关系等状况。利益偏见会引导人们选择保守的方案，严重阻碍创新思维的运转。

利益偏见的成因，主要有以下两个：①人类趋利避害的生物本能。在人类的进化过程中，趋利避害的本能会影响到生死存亡。例如，当发现落水者时，最好借助竹竿等工具进行搭救，如果下水救人则要从落水者背面进行搭救，以免被落水者抓抱而陷入险境。②极端利己主义思潮的影响。所谓极端利己主义，是指把"有利于个人"视为唯一的思考起点和行动准则。由于受极端利己主义思潮的影响，一些人为了实现个人利益，可以抛弃良知、漠视法律、坑蒙拐骗、无恶不作。目前，这种极端思潮仍产生着巨大影响，是滋生利益偏见的"病菌"。

（二）创新思维的培养

1. 逆向思维训练 逆向思维的哲学原理是对立统一规律。事物有正反、利弊等两面性，当正向思考无法完成时，合理的办法是朝着相反的方向去思考。逆向思维的思路是，无法解决的反面是可以解决。逆向思维是最直接、最常用的创新思维。逆向思维训练方法，主要有以下五种。

（1）属性逆向法 即反向思考事物的属性。例如，美洲大蠊是一种世界性卫生害虫，但它也具有抗肿瘤、治疗心力衰竭及免疫调节等作用，可以用于相关疾病的治疗。

（2）位置逆向法 即朝着原有位置相反的方向去思考，寻求问题的解决。例如，可由学生讲课，老师聆听点评，以更好地实现教学相长的目的。

（3）缺点逆向法 即从事物的缺点入手，将缺点变为可利用的东西，化不利为有利的思维方法。例如，装水时，"漏水"是竹篮的缺点；装衣服、蔬菜时，"漏水"反而是优点。

（4）方式逆向法 即采取与原方法相对立的方法解决问题的思维模式。例如，治理洪水，有疏通、堵截两种相对立的方式。

（5）因果逆向法 即从原来的结果出发去思考原因，对原事物的因果进行互换思考。例如，对于化妆品过敏，常规思路是：化妆品是原因，过敏是结果。因果互逆法的思路则是：由于易过敏人群（原因）皮肤的某一特质，应该避免使用特定种类的化妆品（结果）。

2. 横向思维训练 横向思维的哲学原理是整体和部分的辩证关系。其主要思路为：问题的整体解法由部分解法构成，某一种解法不等于问题的所有解法，所以需要横向地找出其他解法。横向思维不固执于某种特定的解法，而是寻找问题的更多解决方案，是极具开阔性的创新思维。横向思维训练，可从以下四个方面入手。

（1）关注事物在不同环境中的横向表现 即横向比较特定事物在不同环境的表现，确定方案的最佳使用环境、适用人群等。例如，适合青少年的补钙类保健品，未必也适合中老年人。

（2）横向比较与其他事物的关系 即通过与其他领域的事物、现象进行比较，进而产生新的解决方案。例如，医学研究发现，洋葱、大蒜、韭菜等很可能降低患胃癌的危险性。食品企业可以横向参考医学领域的这一发现，研发有助于防癌的食品。

（3）怀疑反思各种假定和想法 即抱着怀疑的态度，仔细追究各种假定和想法，不能想当然地看待事物，更不能轻易地得出结论。

（4）找出尽可能多的解决办法 不应固执于一种解决办法，而是尽可能地找到更多的解决办法。例如，选购产品时，不宜只考虑单一品牌的几款产品，而是尽可能在更多的品牌和产品中进行挑选。

3. 发散思维训练 发散思维训练源自于思维立体发散法，即思考问题时，思维跳出点、线、面的限制，立体式地展开。例如，立体农业能在不同空间配置资源，在水田、旱地分别种植水稻、玉米等作物。立体发散法的发散方式，就像一个以问题本身为球心、以问题的解决为球面、无数个解决思路从球心散发到球面的球体。发散思维假设一个问题有多种答案，并以这个问题为中心，向外散发各种思路，找出尽可能多的答案。

4. 聚合思维训练 聚合思维的哲学原理是重点论，即分析事物对立统一的两方面时，分清楚主要和次要，抓住矛盾的主要方面。抓不住重点，就抓不住解决问题的核心办法。聚合思维需要在多重线索之中找出相对合理的答案，聚合思维训练是解决复杂问题的必然要求。常见的聚合思维训练方法，主要有以下三种。

（1）锁定目标法 即通过认真观察，锁定其中的核心现象和目标，围绕目标进行聚合。因此，应该全面清醒地认识主、客观条件，排除条件尚不具备的目标。

（2）聚合显同法 即根据解决问题的某条线索、假设等内容，按一定的标准聚合所掌握的信息，对比分析它们的共同点，找出这些共同点背后的本质。其实施过程有三个步骤：第一步，对所掌握的杂乱无章的信息材料进行梳理，找出材料所展现的某些突出的共同特征；第二步，仔细分析材料所展现的共同特征，联系实际情况，提出这些特征的因果假设，如果有些特征缺乏足够的材料证明，则需返回第一步，直到能够证明此特征确实存在；第三步，验证第二步的假设，排除掉那些非本质的、繁杂的特征，找出事物的本质特征及其因果关系。

（3）求异思维法 即当某种现象在第一个环境中出现，在第二个环境中不出现，并且这两个环境中只有一个条件不同，那么，这个条件就是引起这一现象的原因。求异思维法的核心是特定条件下出现的特定现象，直接指向引起现象的原因。比起聚合显同法，它所得出来的结论更可靠些。

5. 灵感思维训练

（1）训练灵感思维的前期准备工作，主要有以下三个。

1）做好知识或经验的储备工作 灵感思维具有综合性，足够的知识、经验储备是灵感得以触发的前提。例如，不懂食品行业的人们，无法产生解决食品问题的灵感。因为他们并无相应的知识储备，所以产生不出对应的灵感。

2）有目的地思考特定问题 如果没有认识到问题的存在，就不会去寻找相应的解决思路，也就无法产生解决问题的灵感。

3）培养随时记录想法的好习惯 灵感思维具有瞬息性，随时记录想法的好习惯，有利于抓住转瞬即逝的灵感。

（2）常见的灵感思维训练方法，主要有以下四种。

1）思想点化法 即在日常生活中，或是在阅读和交谈中，因为他人的思想启示，实现灵感的偶尔触发。

2）原型启发法 即因为某种事物原型的启发，产生出灵感。例如，可口可乐的玻璃瓶包装造型，其原型就是少女裙子。

3）情境激发法 即在某种环境下，创新主体的情感受到刺激而触发灵感。例如，1904年世界博览会的场外，分别有卖冰激凌和卖薄饼的摊点。冰激凌的生意火爆，盛放的托盘用光了。情急之下，卖薄饼的摊贩灵光一闪，将自己的薄饼卷成圆锥状以盛放冰激凌，从此蛋卷冰激凌诞生了。

4）适当搁置法 即进行过量思考，思路进入僵化状态后，适当搁置问题，放松思维以激发灵感的产生。搁置问题后，可以从事一些其他性质的工作，或者选择休息娱乐活动，以此缓解大脑的紧张和压抑，促使头脑中的潜意识活跃起来。

▶ 知识拓展

和田十二法

和田十二法又叫"和田创新法则"（和田创新十二法），即指人们在观察、认识一个事物时，要充分考虑其可行性，是按以下十二个"一"的顺序进行核对和思考，从而获得创造性设想的"思路提示法"。

1. 加一加　在原有事物上增加一些内容，如加高、加厚、加多、组合等。
2. 减一减　在原有的事物上，减轻、减少或省略等。
3. 扩一扩　将原来的事物放大、扩大、提高功效等。
4. 变一变　改变形状、颜色、气味、音响、次序等。
5. 改一改　改缺点、改不便、改不足之处。
6. 缩一缩　压缩、缩小、微型化。
7. 联一联　原因和结果有何联系，把某些东西联系起来。
8. 学一学　模仿形状、结构、方法，学习先进。
9. 代一代　用别的材料代替，用别的方法代替。
10. 搬一搬　移作他用。
11. 反一反　能否颠倒一下。
12. 定一定　定个界限、标准，能提高工作效率。

本章小结

创新是一个民族进步的灵魂，一个国家兴旺发达的不竭动力。我们正处于大众创新，万众创业的时代，树立创新意识，培养创新精神对于年轻学子而言尤为重要。本章重点阐述了创新的内涵和作用，了解了创新的类别和模式，学习了创新思维的类型。通过本章学习，学生要学会突破自己的思维定式和障碍，结合自身实际情况，培养和训练自己的创新思维。

思考题

1. 创新模式有哪些？
2. 你如何突破思维障碍，培养自己的创新思维？

题库

医药大学堂
WWW.YIYAODXT.COM

第三章 创新素养

📖 学习目标

知识目标

1. 掌握创新意识、创新能力、创新方法的内涵。

2. 熟悉创新意识的类型、创新能力的构成。

3. 了解培养创新意识的路径。

技能目标

1. 会利用量表评估自身的创新能力。

2. 能灵活运用各种创新方法进行思考和创造。

第一节 创新意识

💬 案例讨论

【案例】3D打印技术已逐步应用于医学设备和医疗器械的设计与生产，它可以依据个体的解剖结构而设计，以患者特定尺寸建模而成的医疗设备显示出更好的身体接受度、更高的舒适感和更好的功效。目前，该领域最主要成就包括外部假肢，颅骨/整形外科植入物以及用于气道狭窄疾病的定制气道支架。同时，这一技术还应用于许多复杂的心脏手术，甚至全脸移植手术。

【讨论】3D打印技术运用于医学体现了哪种创新意识？作为现代医学生，我们应如何培养自己的创新意识？

一、创新意识的内涵

"意识"是指大脑对客观世界的反应，是个人直接经验的主观现象，表现为知、情、意三者的统一。意识是人脑的功能和属性，是行为的先导。意识本身就具有创造性，意识反应对象并不是一般的模仿，而是能动的创造。

所谓创新意识是人们对创新与创新的价值性、重要性的一种认识水平、认识程度以及由此形成的对待创新的态度，并以此来调整自己活动的一种稳定的精神态势。它是人类意识活动中的一种积极的、富有成果性的表现形式，是人们进行创造活动的起点和内在动力，是唤醒、激励和发挥人所蕴含的潜能的重要精神力量。创新意识包括创造动机、创造兴趣、创造情感和创造意志。

创造动机是创新活动中主体的内部动力。创造动机是人们为了创新的需要，在达到目标时的内在的驱动力，是创新过程中主体的最高层次的动机，是完成创新目标的根本所在。

创造兴趣是人们在从事创新活动中，对创新所达到的目标进行内在趋向性的选择。创新思维是大学生培养自身创新意识的重中之重。

创造情感是引起、推进乃至完成创造的情感因素，只有具有正向积极的创造情感才能使创造成功。

创造意志是在创造中克服困难，冲破阻碍的毅力因素，创造意志具有目的性、自制性和顽强性。

马克思曾经指出：人的价值蕴藏在人的才能之中，而创造思维和创造精神始终是才能的载体和杠杆。回顾灿烂的中华文明史，从古代的四大发明到现代的杂交水稻、汉字照排技术等众多发明创造，都表现出中华民族伟大的创新精神和不竭的创新动力。正是有了这种精神，中华民族才生生不息，向着中华民族伟大复兴不断迈进。

二、大学生创新意识培养的意义

大学生培养自身创新意识具有十分重要的意义，因为创新意识是进行创新活动的前提和基础。创新是在创新意识支配下实现创新目标的思维活动和实践活动，创新意识是所有创新活动的先导。同时，创新意识本身也是一种动力，是创新活动的助推器，它驾驭、支配大学生的创新能力，对创新能力的培养和提高具有激发、加强和支持的作用。时代的发展呼唤创新型人才，呼唤有强烈创新意识的当代大学生，当代大学生创新意识越强，国家创新意识的精神动力就越充足，培养具有创新意识的高素质人才，对于增强国际竞争力和民族振兴社会进步有着重要意义。因此，当代大学生培养创新意识是必要也是很迫切的。

（一）提升知识获取的效率

在知识经济时代，知识的增长速度空前，知识的陈旧周期不断缩短，知识转化的速度迅猛。在这种情形下，知识的被动接受变得不那么重要，重要的是知识的选择、整合、转换和运用。大学生最需要掌握的是那些涉及面广、迁移性强、概括程度高的"核心"知识，而这些知识并非是靠言语所能"传授"的，它需要通过学生主动地"构建"和"再创造"而获得，这就需要大学生的创新意识在其中发挥主动的作用。

（二）奠定终身学习的基础

随着高等教育规模的不断扩大，高等教育职能正在由精英教育向素质教育转化，学习也正由阶段教育向终身教育转化，医学知识的飞速发展也决定了学习将成为医学生个人生存、竞争、发展和完善的第一需要。在知识无限膨胀，陈旧周期迅速缩短的情况下，大学生的社会职业将变得更加不稳定。在创新意识的指引下，大学生将有能力在毕业之后，利用各种有利条件，根据所从事的工作不断完善自身的知识和能力结构，更好地实现自我完善，更好地适应社会，从而为终身教育打下坚实的基础。

（三）有助于自我价值的实现

创新意识作为新的观念和思想，能够强化大学生推动社会进步的责任感，产生把创新作为实现自我人生价值的强烈激情和冲动。创新是人类自我实现的最高表现形式，是人类本质力量的确证，它促进了人的智力发展，最大限度地唤醒和激发人类的潜能，对人的综合素质的全面开发意义重大。对于大学生来讲，要想发掘并展现自己的人生价值，就必须培养创新意识，实现自我个性、自我能力、自我品质的不断提升。

三、创新意识的类型

（一）综合创新意识

综合创新意识是把研究对象的各个方面、各个组成部分和各种影响因素联系起来加以考虑，以寻求新的创造的思维模式，其基本模式如图 3-1 所示。

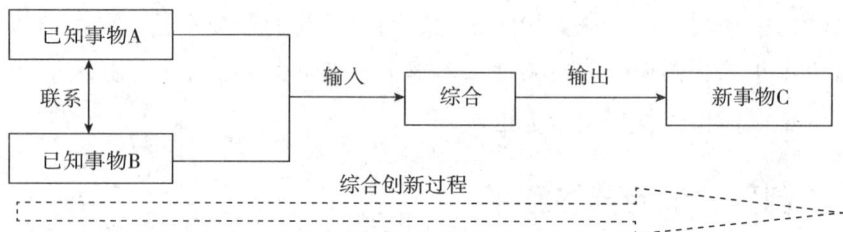

图 3-1　综合创新意识模式

综合创新意识是从综合角度把握事物的本质和规律。将综合创新意识运用于不同科学原理，可以创造出新的原理，如牛顿综合开普勒的天体运行定理和伽利略运动定律，创建了经典力学体系。将综合创新意识运用于已有的事实材料，可以发现新规律，如门捷列夫综合已知的原子属性与原子量、原子价的关系的事实和特点，发现了元素周期律。将综合创新意识运用于不同的学科，能创造出新学科，如信息科学、建筑学、健康管理学、教育心理学等都是综合创新意识的产物。

（二）逆向创新意识

逆向创新意识是将思考问题的角度反转过来，站在对立的另一面来思考，以寻找解决问题的新途径、新方法。所谓"逆"可以是空间上的"逆"，时间上的"逆"，也可以是形状、特征功能上的"逆"，还可以是思路、方法上的"逆"。逆向创新思维亦称为反向探求思维。

18 世纪初，汉斯·克里斯蒂安·奥斯特发现了通电导体可使磁针转动的磁效应。迈克尔·法拉第运用逆向思维反向探求：能不能用磁产生电呢？于是，通过大量实验，法拉第终于在经过 9 年的探索之后获得成功，发现了电磁感应现象，制造出世界上第一台感应发电机。

一般认为数学的特点是"精确"，对客观规律的数学描述不能模棱两可，需要极高的精确性，但美国数学家扎德却专门研究与精确性相反的模糊性，创立了一门新的学科——模糊数学，在精确方法无能为力的领域，模糊数学大显身手。

（三）还原创新意识

还原创新意识即回到本质、回到事物的起点以实现创新的意识。简单来说，就是暂时放下所研究的问题，回到促使创新的基本出发点。打火机的发明就应用了还原创新原理，它突破现有火柴的框框，把最本质的功能——起火功能提取出来，把摩擦生火变为气体或液体作燃料的打火机。美国物理学家唐纳德·格拉泽运用还原创新原理发明了探测高能粒子运动轨迹的"气泡室"。有一次，唐纳德·格拉泽在喝啤酒，看到几粒碎小鸡骨掉入啤酒杯时周围不断冒出气泡，气泡显示出了碎骨粒下降的轨迹，他由此想到自己一直在研究的课题——探测高能粒子飞行轨迹。于是他想，能不能利用气泡来分析高能粒子的飞行轨迹？他赶回实验室，经过不断试验，发现当带电粒子穿过液态氢时，所经路线同样出现一串串气泡，还原实验成功了，这种方法清晰地呈现出粒子飞行的轨迹，唐纳德·格拉泽因此荣获 1960 年诺贝尔物理学奖。

（四）移植创新意识

移植创新意识就是吸取、借用其他学科领域已有的技术成果来开发新产品的理念。其基本模式如图 3 - 2 所示。

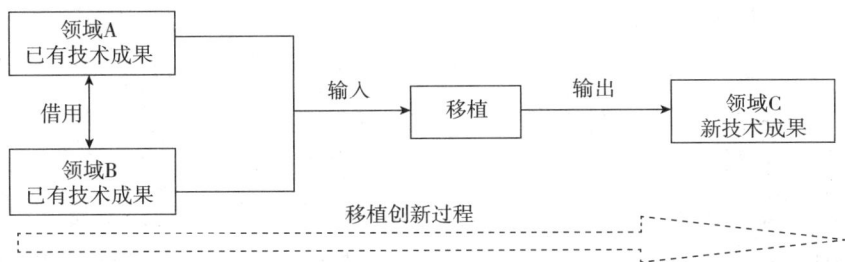

图 3 - 2　移植创新意识模式

在机械创新设计方面，应用移植创新原理取得成功的例子比比皆是，如人们在设计汽车发动机的化油器时，移植了香水喷雾器的原理；组合机床移植了玩具积木的结构方式等。

（五）分离创新意识

分离创新意识是指把创造对象依据一定规则分解或离散成多个要素，然后抓住关键要素进行设计创新的思维模式。分离创新的基本途径一般有两条：结构分离和市场细分。结构分离是指对已有产品结构进行分解并寻找创新的一种模式。市场细分是按消费者的需求、动机及购买行为的多元性和差异性，将整体市场划分为若干子市场，即将消费者分为若干类似的消费群。通常，以职业、性别、年龄、区域、环境、经济条件等市场变量作为细分标准，然后按照形成差异的原则进行创新设计。

（六）价值优化创新意识

二战后，美国开始进行价值分析和价值工程的研究。在设计、研制产品时，所需成本为 C，取得的功能为 F，则产品的价值 V 为：$V = F/C$。显然，产品的价值与其功能成正比，而与其成本成反比。

价值工程旨在揭示产品的价值、成本、功能之间的内在联系。价值优化意识是提高技术经济效果的一种创新意识，其目的是提高产品的价值。进行价值研究的不是产品而是产品的功能，以及功能与成本的内在联系。设计创造具有高价值的产品，是人们追求的重要目标。价值优化或提高价值也是创新活动应遵循的原则和理念。

优化设计的途径有：

1. 保持产品功能不变，通过降低成本，达到提高价值的目的。

2. 不增加成本的前提下，提高产品的功能质量，以实现价值的提高。

3. 虽然成本有所增加，但功能大幅度提高，使价值提高。

4. 虽然功能有所降低，成本却大幅度下降，使价值提高。

5. 不但功能增加，同时也使成本下降，从而使价值大幅度提高。这是最理想的途径，也是价值优化的最高目标。

如英国的设计人员曾开发出一种新型百叶窗，要求产品既能防止雨水打入，又可使室内空气流通。设计者通过价值分析，改变了用料多、造价高的传统设计，而采用让水透过百叶窗，再在窗叶后用凹槽收集，然后通过细管将雨水排出室外的新设计。新设计的百叶窗不仅降低了成本，而且便于操作，寿命也延长许多。创新后的产品在市场上很有竞争力。

四、创新意识的培养

（一）建立良好心理品质

高职学生良好心理品质的形成对于他们创新意识的养成起着至关重要的作用，好奇心、求知欲、怀疑感等都是创新意识培养时的重要心理品质。好奇心、求知欲、怀疑感从某种角度来说是连贯的，当一个人看见陌生事物时，首先会产生好奇心，紧接着为了弄清楚这个事物，就会激起他的求知欲，当他与别人进行交流时，因自身对于相同事物有不同于他人的感受和体验，导致他对于他人感受和体验的怀疑与反对，这就激起了他的怀疑感，为了证明自己的怀疑，想尽一切办法去了解、去发现、去解决问题所在，经过不断的探索，最终产生了对事物的新的认识，这就是一个创造、创新的过程。所以创新意识的培养离不开好奇心、求知欲、怀疑感等优秀心理品质的培养，高职学生应当在平时的学习生活中加强这些心理品质的养成。

对高职学生而言，就是每天在学习和生活中都要积极发现新事物，发现问题，当自己遇见问题时不能置之不理，要积极地寻找解决问题的方法。对于权威所提出的观点、书上的内容要敢于问为什么，敢于去质疑，敢于刨根问底，不能因为是权威和书本上提出来的观点就认为它们是绝对正确的，也要学会从他人的见解中去发现问题，并通过自己的想象力从新的角度去解决问题。

（二）激发创新思维潜能

创新绝不是无本之木、无源之水，唯有牢固的知识基础，创新才有可能。因此，大学生应精通所学的专业课程，并尽可能多的涉猎自己感兴趣的知识。学习绝不仅仅在课堂上，而是无处不在，聊天、听讲座、学生工作、社会服务等都是学习，只要处处留心，任何形式的活动都可以变为学习过程；要有意识地培养自己的怀疑精神，探究各种事物的本质，打破砂锅问到底；克服盲目从众的心理，摒弃惯性思维，勇于挑战自我，离开舒适圈，激发创新的潜能。

（三）培养个人兴趣爱好

首先是自身要建立良好的人生目标，端正自身的学习态度。其次是要热爱生活，在生活中能发现自身兴趣爱好、发现美，以此来提升自身的软实力。对于高职学生而言，专业知识水平的高低和自身实践能力的强弱，深深影响着自身未来在岗位中的发展与创新。因此，高职学生应该扎实自己的理论知识，认真对待每一门课，不断提升自身专业水平。在理论学习中要培养自己的求知欲，主观上接受并愿意坚持去做才能让自身得到全面提升。

（四）注重提升实践能力

从高职教育的目标来看，高职学生应该在实践动手能力方面要比本科生强很多，可是从结果来看却并不理想。其实创新本身就是一个与实践联系非常紧密的活动。古今中外，很多教育家都说过，创新离不开实践。只有通过实践的探索才能引发人们去创新，也只有通过实践的检验才能促成人们的创新。创新要求个体深入到实践中去，将实践当作是一种探索、一种尝试，也许经过无数次失败的实践都达不到最终结果，但是这种永不放弃、坚韧不拔的品质对于人的提升也非常大，在此过程中人的意志得到很大磨炼。爱迪生发明灯泡，也经历了无数次失败。因此，高职学生一定要在学习、生活包括未来的工作中做到由趣中做、从做中学、在学中创。

第二节 创新能力

【案例】 世界知识产权组织（产权组织）2020年4月7日发表新闻公报称，2019年中国成为该组织《专利合作条约》（PCT）框架下国际专利申请量最多的国家。"在短短20年内，中国提交的国际专利申请量增长200多倍。"按企业排名，2019年，中国华为公司以4411件已公布申请连续3年成为企业申请人第一名。排名靠前的中国创新企业还有中兴、阿里巴巴和腾讯。

【讨论】 1. 这种良好势头的出现说明了什么？

2. 企业的专利申请量说明了什么？它能为企业带来什么？

一、创新能力的概念

创新能力是人类特有的一种综合性本领。《创造学》认为：创新能力是人人皆有的一种潜在的自然属性，即人人都有创造力，人人都具有可以被开发的创造潜力。此外，人们的创新能力是可以通过科学的教育和训练被不断激发出来，进而转化为显性的创造能力，并且得到不断的提高。

创新能力的强弱，是一流人才和一般人才的分水岭。创新能力是知识、智力、能力及优良的个性品质等复杂的多种因素综合优化构成。创新能力是产生新思想，发现和创造新事物的能力，它是成功地完成某种创造性活动所必需的心理品质。

创新能力具有综合独特性和结构优化性等特征。遗传素质是形成人类创新能力的生理基础和必要的物质前提，它潜在决定着个体的创新能力，未来发展的类型、速度和水平；环境是人的创新能力提高的重要条件，环境优劣影响着个体创新能力发展的速度和水平；实践是人创新能力形成的唯一途径，实践也是检验创新能力水平和创新活动成果的尺度标准。

创新的能力有一部分是来自不断发问的能力和坚持不懈的精神；创新能力在一定知识积累的基础上，可以训练、启发出来，甚至可以"逼出来"；创新最关键的条件是要解放自己，因为一切创造力都根源于人的潜在能力的发挥。

二、创新能力的构成

创新能力是由多种能力构成的，这些能力受多种因素的影响，这些因素由一定的因子所决定。诸多事实表明，创新能力不是这些因素的简单相加，它呈现出一定的非加和形式，其形成过程受一定的内外环境因素的影响。

其中，影响、决定大学生创新能力的内在因素，即大学生自身的因素，也就是内部环境，内部环境包括一个人的智力因素及非智力因素。外部环境包括国家的教育制度（其中高考制度是影响创新能力培养的一个重要因素，高考制度不断改革的目的之一就是要与素质教育同步）、教育管理模式（学校在执行国家教育制度过程中的实际操作，学校为学生创造怎样的学习氛围，学校倡导的是怎样的学习结果），更直接的因素就是教育者（包括管理人员）的素质影响、决定大学生创新能力的内在因素，即大学生自身的因素，也就是内部环境。

大量研究表明，创新能力是由一定的智力和非智力因素构成的系统表现出的特殊功能。基础能力和专业业务能力共同组成了创新能力，它是通过认知、情意、技能三方面的整合与有效应用，并经过长时间的思考之后，在已掌握知识的基础上发展出的前所未有的、与众不同的、实用多样的且具有一定价值的新产物。其中基础能力包括自学能力、表达能力、观察能力、推理能力、审美能力、类比能力、判断能力、动手能力、归纳能力和相关的思维能力等；专业业务能力包括信息的获取、加工和综合能力，可行性研究和技术开发能力，合作和协调能力，社会适应和把握机遇能力，系统分析和综合能力及决策能力等。基础能力是在一定的智力水平的支持下，获取知识和转化知识，对发现和获取的外部显性知识进行内化，并用广义化原则实现扩展，以便广泛应用。从知识发现到知识获取，然后进行知识转化，进而实现知识创造，是一个整体的过程，也是一个螺旋上升的过程。最终内显为一定的智力水平，外显为一定的能力水平，所有这些能力都需要一定的文化知识为基础，从一定程度上来说，文化功底越深越有利于创新能力的发挥。创新能力是一个综合素质，其大小由知识决定，体现为一个人的性格特征和精神状态。

总之，智力因素和非智力因素决定了创新能力，其中智力因素受制于一定的智力水平（IQ）和后天获取的知识，外显为一定的实践能力。研究表明，取得创造性成果的人，其成就大小与IQ有一定的关系，但IQ值到达一定数值时就不再成正比了。有研究指出，当人的智商达到120时，人的创新能力就不再与智商有任何关系了。非智力因素则更多地受性格特征、思维习惯的影响。

三、创新能力的测评

20世纪50年代，吉尔福特等心理学家发现，智力测验不能测量人的创新能力，创新能力测评需要独立的测试方法。创新能力的测评是采用科学的方法来测试、确定一个人的创新能力，是对人们的创新能力进行测量和评价的过程，是一项非常有意义的工作。到目前为止，虽然国内外学者已经开发出了十多种创新能力测评的方法，但是尚无一种公认、客观且适合各类人才的测评方法，这些方法大多面向以下几个方面：创新人格测评、创新能力倾向与行为测评、创造性产品的特征测评，以及培养创新能力的环境属性测评等。

一般来说，面向学生的创新能力测评主要分为教学前期的试探性测评和教学过程中的阶段性测评。无论是试探性测评还是阶段性测评，都需要采用现有的较为成熟的创新能力测量方法和量表工具，以反映学生创新能力的实际水平。

创新能力测验典型方法主要有南加利福尼亚大学发散性思维测验、托兰斯创造性思维测验、芝加哥大学创新能力测验和普林斯顿法等。

（一）南加利福尼亚大学发散性思维测验

美国南加利福尼亚大学的吉尔福特和他的同事编制了一套发散性思维测验，测验的项目有：词语流畅性、联想流畅性、表达流畅性、观念流畅性、非常用途、解释比喻、故事命题、用途测验、事件后果的估计、职业象征、组成对象、火柴问题、绘画、装饰。前10项要求用言语反应，后4项则用图形内容反应。

该测验适用于中学水平以上的人，高职高专的学生仍适用，主要从流畅性、交通性和独特性上记分。

例如，"组成对象"是要求使用一些简单的图形，如圆形、长方形、三角形、梯形，画出指定的事物。在画物体时，可以重复使用任何一个图形，也可以改变其大小，但不能添加其他图形或线条。又如"火柴问题"，是要求移动指定数目的火柴，形成特定数目的正方形或三角形。

▶ 课堂互动

请移动三根火柴棒，使图形变成 7 个大小一样的正方形。

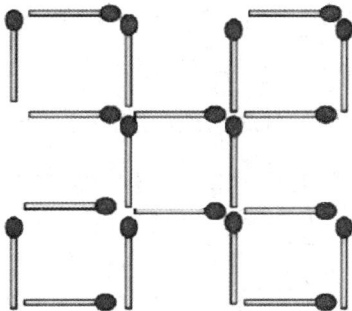

（二）托兰斯创造性思维测验（TTCT）

美国心理学家托兰斯在明尼苏达大学首创了这一测试方法，故亦称明尼苏达创造力测验。根据托兰斯的理论，创新思维是创造力的核心，包含着若干方面的特征，主要为流畅性、独特性、灵活性、周密性等。因此，对创造力的测验可集中表现为对创新思维上述特征的考核。

托兰斯创造性思维测验通常由三套试卷、十二种测试题型或分测验组成。

第一套为词语（文字）测验，有七类试题（或分测验）。一至三类为提问和猜测，第四类为物体改进，第五类为用途变通，第六类为非常问题，第七类为假设推断。

第二套为图形测验，有三类试题（或分测验）。第一类为利用给定的图形（彩色片）添加内容，画出有趣的故事；第二类为利用给定的简单线条和图形构构物体略图；第三类为利用给定的平行线段或图形画出各种图画。

第三套为有声音刺激的言语测验，有两类试题（或分测验）。第一类为声音想象，第二类为象声词想象。这套测验需用录音、录像提供提示语和声音刺激。

托兰斯创造性思维测验适用于各种年龄的儿童和青年，包括幼儿园的儿童到研究生。这类测验自 20 世纪 50 年代后期问世后，被世界各地创造学研究者们广泛应用，已报道的有关应用成果多达 2000 余种。

（三）芝加哥大学创新能力测验

芝加哥大学的心理学家盖泽尔斯和杰克逊等人根据吉尔福特的思想对青少年的创新能力进行了深入研究，在 20 世纪 60 年代编制了这套测验。这套测验包括词语联想测验、用途测验、隐蔽图形测验、完成寓言测验、组成问题测验 5 个项目。

许多研究表明，智商与创新能力分数之间的相关性低，但是正相关的。也有研究认为智商与创新能力之间的相关高低是由创造力测验的性质而定的，某种创新能力可能要求较高的智力，而另一些创新能力又可能与智力相关性不高。尽管在智力和创新能力的相关性上还有不同的看法，但比较一致的意见是，高智商并不能保证高度的创造性，而低智商的人肯定只能得到创新能力的低分数。

许多心理学工作者也研究了创造性和实际创作作品之间的关系。瓦拉奇等人以500名大学生作为测试对象，发现思维的流畅性和创造作品之间有明显相关性。思维流畅性能够预测许多领域中的成就。

（四）普林斯顿法

美国普林斯顿创造才能研究公司总经理、心理学家尤金·劳德塞根据多年对善于思考、富有创新能力的男女科学家、工程师和企业经理的个性品质的研究，设计了一套"你的创新能力有多大"的简单的测试。测试包括50个句子，句子不复杂，也不故意"捉弄人"。回答应尽量做到准确、坦率。每一句后面用一个字母表示对这一提法的同意或反对的程度：同意用A表示；不清楚用B表示；不同意用C表示。然后，对选出的答案进行统计，测出自己的创新能力水平。被测试者只需10分钟左右的时间，就可知道自己是否具有创造才能。当然，如果需要慎重考虑一下，适当延长试验时间也不会影响测试效果。

总之，典型的创新能力测评方法，一方面，可以通过测评结果考察个体的创造性人格特点、创造性思维倾向等方面的人格和行为特征，有利于反映个体实际的创新能力特质和水平；另一方面，评分结果有一定区分度地呈现出不同个体的创新能力水平和特征，有利于相关教师、研究人员根据个体的实际特点，有针对性地开展教学、实践训练和研究活动。此外，面向创新能力发展教学全过程的综合阶段性测评，还能从一定程度上反映本阶段个体创新能力发展的实际效果。

▶ 课堂互动

创新能力水平的自我测评

1. 我不人云亦云

    A. 无   B. 偶尔   C. 时有   D. 经常   E. 总是

2. 我对很多事情喜欢问为什么

    A. 无   B. 偶尔   C. 时有   D. 经常   E. 总是

3. 我的思维常常无拘无束，没有框框

    A. 无   B. 偶尔   C. 时有   D. 经常   E. 总是

4. 我能摆脱习惯思维的束缚

    A. 无   B. 偶尔   C. 时有   D. 经常   E. 总是

5. 我常从别人的谈话中和书本中发现问题

    A. 无   B. 偶尔   C. 时有   D. 经常   E. 总是

6. 我勇于提出新想法、新建议

    A. 无   B. 偶尔   C. 时有   D. 经常   E. 总是

7. 我观察事物敏感

    A. 无   B. 偶尔   C. 时有   D. 经常   E. 总是

8. 我的创新欲望强
　　A. 无　　　　B. 偶尔　　　　C. 时有　　　　D. 经常　　　　E. 总是

9. 我头脑中记住的东西用时能及时提取出来
　　A. 无　　　　B. 偶尔　　　　C. 时有　　　　D. 经常　　　　E. 总是

10. 我的求知欲望强
　　A. 无　　　　B. 偶尔　　　　C. 时有　　　　D. 经常　　　　E. 总是

11. 我不迷信权威
　　A. 无　　　　B. 偶尔　　　　C. 时有　　　　D. 经常　　　　E. 总是

12. 我头脑灵活
　　A. 无　　　　B. 偶尔　　　　C. 时有　　　　D. 经常　　　　E. 总是

13. 我的想象力丰富
　　A. 无　　　　B. 偶尔　　　　C. 时有　　　　D. 经常　　　　E. 总是

14. 我相信自己的创造潜力能充分发挥出来
　　A. 无　　　　B. 偶尔　　　　C. 时有　　　　D. 经常　　　　E. 总是

15. 我不迷信书本
　　A. 无　　　　B. 偶尔　　　　C. 时有　　　　D. 经常　　　　E. 总是

16. 我从创造性工作中获得乐趣
　　A. 无　　　　B. 偶尔　　　　C. 时有　　　　D. 经常　　　　E. 总是

17. 我看重事业的成功
　　A. 无　　　　B. 偶尔　　　　C. 时有　　　　D. 经常　　　　E. 总是

18. 我的联想能力强
　　A. 无　　　　B. 偶尔　　　　C. 时有　　　　D. 经常　　　　E. 总是

19. 我有远大的工作目标
　　A. 无　　　　B. 偶尔　　　　C. 时有　　　　D. 经常　　　　E. 总是

20. 我喜欢幻想
　　A. 无　　　　B. 偶尔　　　　C. 时有　　　　D. 经常　　　　E. 总是

　　计分方式："无"计1分，"偶尔"计2分，"时有"计3分，"经常"计4分，"总是"计5分。把20各题目的计分相加，便得出总分。

　　总分在80分以上，说明创新能力水平程度高。

　　总分在70~79分，说明创新能力水平程度中等偏高。

　　总分在60~69分，说明创新能力水平程度中等偏低。

　　总分在60分以下，说明创新能力水平程度低。

第三节　创新方法

【案例】时间追溯到 20 世纪 60 年代。彼时，因疟原虫对奎宁类药已经产生抗药性，所以，疟疾的防治重新成为世界各国医药界的研究课题。1969 年，屠呦呦被任命为 "523" 项目中医研究院科研组组长。通过翻阅历代本草医籍、四处走访老中医，屠呦呦终于在 2000 种方药中整理出一张含有 640 多种草药、包括青蒿在内的《抗疟单验方集》，可在最初的动物试验阶段，青蒿的效果并不出彩。屠呦呦的寻找也一度陷入僵局。到底是哪个环节出了问题？她再一次转向中国古老智慧，重新在经典医籍中细细翻找，突然，葛洪《肘后备急方》中的几句话牢牢地抓住屠呦呦的目光："青蒿一握，以水二升渍，绞取汁，尽服之。"一语点醒梦中人，她马上意识到问题可能出在常用的"水煎"法上，因为高温会破坏青蒿中的有效成分，她随即另辟蹊径采用低沸点溶剂进行实验。

在 190 次失败之后，他们终于成功了。1971 年，屠呦呦课题组在第 191 次低沸点实验中发现了抗疟效果 100% 的青蒿提取物。1972 年该成果得到重视，研究人员从这一提取物中提炼出抗疟有效成分青蒿素。

【讨论】屠呦呦课题组的创新经历了什么？他们利用的是哪种创新方法？

创新方法是指创新活动中带有普遍性和规律性的方法和技巧。创新方法一直为世界各国所重视，在美国被称为创造力工程，在日本被称为发明技法，在俄罗斯被称为创造力技术或专家技术。我国学者认为创新方法是科学思维、科学方法和科学工具的总称。其中，科学思维是一切科学研究和技术发展的起点，始终贯穿于科学研究和技术发展的全过程，是科学技术取得突破性、革命性进展的先决条件。

科学方法是人们进行创新活动的创新思维、创新规律和创新机理，是实现科学技术跨越式发展和提高自主创新能力的重要基础。科学工具是开展科学研究和实现创新的必要手段和媒介，是最重要的科技资源。由此可见，创新方法既包含实现技术创新的方法，也包含实现管理创新的方法。目前，主要的创新方法有试错法、头脑风暴法、思维导图法、奥斯本检核表法、六顶思考帽法等。

一、试错法

试错法指通过不断试验和消除误差，探索具有黑箱性质的系统方法。这种方法在动物的行为中是不自觉地应用的，在人的行为中则是自觉的。试错法是纯粹经验的学习方法，应用试错法的主体，通过间断地或连续地改变黑箱系统的参量，试验黑箱所作出的应答，以寻求达到目标的途径。主体行为的成败是用它趋近目标的程度或达到中间目标的过程评价的。趋近目标的信息给主体，主体就会继续采取成功的行为方式；偏离目标的信息反馈给主体，主体就会避免采取失败的行为方式。通过这种不断的尝试和不断的评价，主体就能逐渐达到所要追求的目标。青蒿素的发现正是采用了这种方法。

（一）试错法的特点

试错法具备以下几个特点。

1. 解决问题导向。

2. 针对具体问题。

3. 不追求最佳解法。

4. 仅需最低限度的知识，即便对问题的领域只有少量的知识，试错法仍然可以应用。

（二）试错法的步骤

试错法即猜测—反驳法。因而，它的运作分两步进行，即猜测和反驳。

1. 猜测 猜测是试错法的第一步。没有猜测，就不会发现错误，也就不会有反驳和更正。猜测在一定意义上就是怀疑，这种怀疑不是为了怀疑而怀疑，而是为了发现问题、更正问题，是秉承科学、审慎的态度而进行的有意识的怀疑。我们的认识一方面来自于观察、实践，另一方面来自于大脑中已有的知识储存。然而，大脑中的知识储存并不是原封不动地被吸收和利用的，而是有选择地、批判地被吸引和利用的。这就需要猜测、怀疑，对已往知识进行修正，也只有修正过的知识方可融进新的认识、理论之中。

猜测之所以被运用，是因为我们对事物的认识，虽然已掌握了部分事实材料，但还是不能清晰地、完整地把握事物。此时，我们不能等到事物的本质全部自动呈现，而是要积极地创造条件，使之尽快暴露出来，并积极地进行猜测审察，以期从已有事实中发现新东西。猜测离不开直觉和想象。从这个层面讲，猜测同创造性思维紧密相连，可归入创造性思维之列。但是，猜测不是胡乱地想象、随意地编造。它除了要尊重已有的事实外，还须符合下述各个条件。

（1）简单性要求 即经猜测而得的设想必须简单明了，必须让人一看就明白新设想"新"在何处，以及它与旧认识的关联何在等。

（2）检验性要求 即新设想除了可以解释预定要解释的东西之外，它还必须具有一些可以接受检验的新推论。否则，它仍然只停留在原有的认识水平上。例如，我们在写一份分析报告时，先陈述已有的某方面成就及其不足，提出自己的新主张，然后还必须从自己的新主张中推论出几种建设性意见或几条重要结论。

（3）尽可能获得成功 之所以进行猜测，怀疑原有认识，就是为了确立新认识和理论。如果新理论不追求成功，不追求长期有效，猜测就毫无必要了。

2. 反驳 反驳是试错法的第二步。没有反驳，猜测就是一厢情愿，且可能是错误重重的设想。反驳就是批判，就是在初步结论中寻找毛病、发现错误，通过检验确定错误，最后排除错误的思维过程。排除错误是试错法的目的，也是它的本质。因为若不能排除错误，认识就不能得到提高，就不可能从错误中走出来。所以，人类高明于动物的地方，其中之一就是能够排除错误，以免错误干扰新的认识。而动物虽然能够发现错误，但不能排除错误，从而导致错误重现，并最终导致灭亡。从上述可以推出，反驳就是一种"从错误中学习"的方法。没有错误，人类就无法前进、科学也无法发展。

二、头脑风暴法

头脑风暴法是美国学者奥斯本提出的。头脑风暴最早是精神病理学上的用语，指精神病患者的精神错乱状态。奥斯本借用这个概念来比喻思维高度活跃，因打破常规的思维方式而产生大量创造性设想的状况。头脑风暴法的目的是激发人类大脑的创新思维，使其能够产生新的想法、新的观念。头脑风暴法作为一种新兴的思维方式，其核心为高度自由的联想。

（一）激发头脑风暴的机制

1. 环境因素　针对一个问题，往往在没有约束的条件下大家会十分愿意说出自己的真实想法，并很热情地参与到讨论中。而这种讨论通常是在十分轻松的环境下进行的，这样就能更大限度发挥思维的创造性，得到很好的效果。

2. 链条反应　是指在会议进行的过程中，往往通过一个人的观点可以衍生出与之相关的多种想法甚至产生更加出奇的想法。这是因为人类在遇到任何事物的时候，都会条件反射，联系到自身的情况进行联想式的发散思维。

3. 竞争情节　有时候也会出现大家争先恐后地发言的情况，那是因为在这种特定的环境下，由于大家的思维都十分活跃，再加上好胜心理的影响，每个人心理活动的频率会十分高，而且内容也会相当丰富。

4. 质疑心理　这是另一个群众性的心理因素，简单地说就是赞同还是不赞同的问题。当某一个人的观点提出后，其他人在心理上有的赞同，有的则非常不赞同，表现在情绪上是眼神和动作，而表现在行动上就是提出与之不同的观点。

（二）头脑风暴的操作流程

头脑风暴法的实施有三个阶段，分别是准备阶段、自由发言阶段、专家组质疑阶段。

1. 准备阶段

第一，确定会议的负责人和研究的议题，抓住议题的关键。

第二，与此同时要确定参会人员的人数，5～10人为最好。确定好人数和议题之后，就可以选择会议的时间、场所。最后，准备好会议的资料，通知与会人员参加会议。

第三，在会议开始阶段，不宜直接让大家开始讨论。在与会人员还未进入状态的情况下，讨论的效果不会很好，气氛也不会很融洽。所以需要先暖场，和大家说一些轻松的话题，让彼此之间有些交流沟通，不会显得生分。在大家进入状态后就可以开始议题，主持人介绍参会人员和议题，不要占用太多时间以简洁为主，因为过多的描述在一定程度上会干扰大脑的思考，之后大家开始讨论。在进行一段时间的讨论后，大家往往会有更多的关于议题的想法，但弊端是有可能只是围绕着一个方向发散思维。这时主持人可以重新明确讨论议题，使大家在回想讨论的情况下重新出发，得到不同的方向。

2. 自由发言阶段　自由发言阶段也叫畅谈阶段。畅谈阶段的准则是不允许私下互相交流，不能评论别人的发言、不作简短发言等。在这种规定下，主持人要充分发挥作用，引导大家进入一种自由讨论的状态。此外，要注意会议的记录；随着会议的结束，会议上提出的很多新颖的想法要怎么处理呢？以下是处理方法：在会议结束的一两天内，主持人回访参加会议的人员，看是否还有更加新颖的想法，之后整理会议记录；然后根据解决方案的标准，对每一个问题进行识别，主要根据是否有创新性、是否有可行性进行筛选；经过多次斟酌和评价，最后找到最佳方案。这里所说的最佳方案往往是一个或多个想法的综合。

3. 专家组质疑阶段　在统计归纳完成之后，就要对提出的方案进行系统性的质疑并加以完善。这是一个独立的程序，此程序分为以下三个阶段。

（1）第一阶段　将所有的想法和设想提出来，每一条都要有所质疑，并且要加上评论，即根据事实来分析和质疑。值得注意的是，通常在这个过程中，会产生新的设想，主要是因为原来提出的设想无法实现，有限制因素，而新的设想就要有所针对地提出修改意见。

（2）第二阶段 和头脑风暴的原则一样，对每个设想编制一个评论意见一览表，主持人再次强调此次议题的重点和内容，使参加者能够明白如何进行全面评论。对已有的设想不能提出肯定意见，即使觉得某设想十分可行也要有所质疑，整个过程要一直进行到没有可质疑的问题为止，然后总结和归纳所有的评价，并建议可行的设想，整个过程要注意记录。

（3）第三阶段 对上述提出的意见再次进行筛选，这个过程是十分重要的，因为在这个过程中，我们要重新考虑所有能够影响方案实施的限制因素，这些限制因素对于最终结果的产生是十分重要的。分析组的成员应该是一些十分有能力，而且判断力高的专家。假如有时候要在短时间内做出某些决策，这些专家就会起到很大的作用。

▶ 课堂互动

请以 8~10 人为一组，针对课堂上提出的某一个医学相关问题进行讨论。

要求：

1. 确定一名主持人，利用头脑风暴的方法进行讨论。
2. 请自行确定专家组成员，并给予充分的质疑。
3. 讨论结束后，以组为单位汇报讨论的结果。

三、思维导图法

思维导图由世界著名的心理学家东尼·博赞发明。思维导图是一种通过插画、图形、图表、表格、关键词等把信息传达出来，将人们的想法画出来，帮助人们有效地分析和理解问题、寻求解决问题方案的思考方法。思维导图是一种有效的整理思路的方法，可以通过这种方法把大脑中的信息提取后，用图画的方式表达出来；运用这种思考法，可以把许多枯燥的信息高度组织起来，遵循简单、基本、自然的原则建立起记忆链接，协助人们在科学与艺术、逻辑与想象之间平衡发展，从而开启人类大脑的无限潜能。

思维导图使用了已被定义的创造性思维技巧。当创造思维导图时，我们会产生一些大脑能量，这些能量会激发我们寻找通常处于思维边缘的想法。创造思维导图是愉快的，能激发我们玩的天性，从而解放我们的思维开启创造无数观点的可能性。一旦我们绘制出一幅思维导图，许多要素就能够一目了然，这就增加了创造新联系和发现新联系的可能性。

绘制思维导图其实非常简单，就是借助文字将自己的想法"画"出来。绘制思维导图的工具包括：一张白纸、彩色笔和铅笔、大脑和想象。东尼·博赞给我们提供了绘制思维导图的 7 个步骤，具体如下。

1. 从一张白纸的中心画图，周围留出足够的空白。从中心开始画图，可以使自己的思维向各个方向自由发散，能更自由、更自然地表达自己的思想。

2. 在白纸的中心用一幅图画或图像表达中心思想。因为一幅图画可以抵得上 1000 个词汇，图像不仅能刺激创意性思维，帮助运用想象力，还能强化记忆。

3. 尽可能多地使用各种颜色。因为颜色和图像一样能让大脑兴奋。颜色能够给思维导图增添跳跃感和生命力，为创造性思维增添巨大的能量。此外，自由地使用颜色绘画本身也非常有趣。

4. 将中心图像和主要分支连接起来，然后把主要分支和二级分支连接起来，再把二级分支和三级分支连接起来，依此类推。

5. 让思维导图的分支自然弯曲，不要画成一条直线。曲线是美的，大脑会对直线感到厌烦。美丽的曲线和分支，就像大树的枝杈一样更能吸引眼球。

6. 在每条线上使用一个关键词。所谓关键词，是表达核心意思的字或词，可以是动词或名词。关键词应该是具体的、有意义的，这样才有助于回忆。

7. 自始至终使用图形。思维导图上的每个图形，就像中心图形一样，可以胜过千言万语。所以，如果在思维导图上画出了 10 个图形，那么就相当于记了数万字的笔记，如图 3-3 所示。

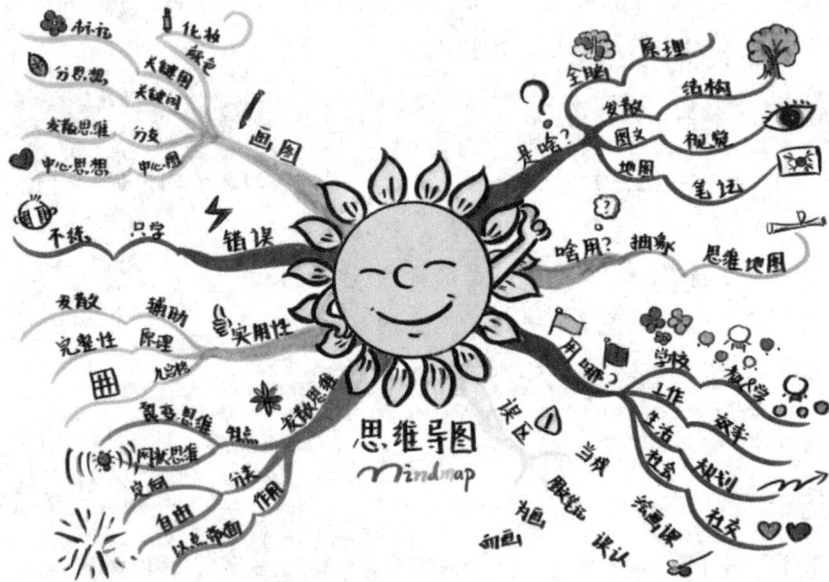

图 3-3 思维导图示例

四、奥斯本检核表法

世界上第一张检核表是由美国的奥斯本设计的。所谓检核表，就是围绕需要解决的问题或者创新的对象，把所有的问题罗列出来，然后一个个来讨论，以促进旧思维框架的突破，进而将思维引向创新设想（表 3-1）。

表 3-1 奥斯本检核表

项目	含义
用途	有无新的用途；是否有新的使用方式；可否改变现有的使用方式
类比	类比有无类比的东西；过去有无类似问题利用类比；能否产生新观念；可否模仿；能否超过
增加	可否增加些什么；可否附加些什么；可否提高强度性能；可否加倍、放大；可否更长时；可否更长、更高、更厚
减少	可否减少些什么；可否小型化；可否压缩、浓缩；可否缩短，去掉、分割、减轻
改变	可否改变功能、形状、颜色、运动、气味音响；是否还有其他改变的可能
代替	可否代替；用什么代替；还有什么别的排列、别的材料、别的成分、别的过程、别的能源
交换	可否变换；可否交换模式；可否变换布置顺序、操作工序；可否交换因果关系
颠倒	可否颠倒；可否倒正负、正反；可否颠倒位置，如头尾、上下颠倒；可否颠倒作用
组合	可否重新组合；可否尝试混合、合成、配合、协调、配套；可否把物体组合；可否把目的组合；可否把物性组合

检核表几乎适用于任何类型与场合的创新活动，因此，享有"创新方法之母"的美称。目前，在不同的领域流传着许多检核表，但知名度最高的还是奥斯本检核表，而且后来许多的方法都源于此表。

五、六顶思考帽法

（一）六顶思考帽法的主要内容

所谓六顶思考帽，是指使用六种不同颜色的帽子代表六种不同的思维模式。任何人都有能力使用以下六种基本思维模式。

1. 白色思考帽　白色是中立而客观的。戴上白色思考帽，人们关注的是客观事实和数据。

2. 绿色思考帽　绿色代表茵茵芳草，象征勃勃生机。绿色思考帽寓意创造力和想象力，它具有创造性思考、头脑风暴、求异思维等功能。

3. 黄色思考帽　黄色代表价值与肯定。戴上黄色思考帽，人们从正面考虑问题，表达乐观的、满怀希望的、建设性的观点。

4. 黑色思考帽　戴上黑色思考帽，人们可以运用否定、怀疑、质疑的看法，合乎逻辑地进行批判，尽情发表负面的意见，找出逻辑上的错误。

5. 红色思考帽　红色是情感的色彩。戴上红色思考帽，人们可以表现自己的情绪，人们还可以表达直觉、感受、预感等方面的看法。

6. 蓝色思考帽　蓝色思考帽负责控制和调节思维过程。它负责控制各种思考帽的使用顺序，它规划和管理整个思考过程，并负责做出结论。

六顶思考帽是一个操作简单、经过反复验证的思维工具，它给人以热情、勇气和创造力，让每一次会议，每一次讨论，每一份报告，每一个决策都充满新意和生命力。这个工具能够帮助人们：提出建设性的观点；聆听别人的观点；从不同角度思考同一个问题，从而创造高效能的解决方案；用"平行思维"取代批判式思维和垂直思维；提高团队成员集思广益的能力。

（二）六顶思考帽法的应用步骤

下面以使"六顶思考帽"来考虑我们工作中存在的问题为例，简要介绍一下"六顶思考帽"的应用步骤。

1. 运用"白色思考帽"来思考、搜集各环节的信息，收取各个部门存在的问题，获得基础数据。

2. 戴上"绿色思考帽"，用创新思维来考虑这些问题，不是一个人思考，而是各层次管理人员都用创新的思维去思考，大家提出各自解决问题的办法、好的建议、好的措施。也许这些方法不对，甚至无法实施，但是，运用创新思考方式就是要跳出一般的思考模式。

3. 戴上"黄色思考帽"，评估思考出来的想法好在哪？它会带来什么好处？不过，记住要保持冷静，找出真正的价值之所在，并保持现实的期望。

4. 戴上"黑色思考帽"，主要进行逻辑上的否定，目的有二：发现缺点，做出评价。思考：这个建议有什么问题？可能的结果是什么？

5. 戴上"红色思考帽"进行直觉判断。由于无须给出证明、提出理由和根据，使用红色思维时，仅需如实且快速（一般思考时间限制在 30 秒内）地回答"我对此的感觉是什么？"

6. 戴上"蓝色思考帽"进行总结陈述，并做出决策。

总之,在创新创业的过程中,我们可以根据实际情况选择最合适的创新方法,当然也可以同时使用多种创新方法,不断提升自身的创新能力。

本章小结

创新素养是大学生进行创新创业的基础。创新意识包括创造动机、创造兴趣、创造情感和创造意志,医学生应该从建立良好心理品质、激发创新思维潜能、发展兴趣爱好促进理论实践学习等方面培养创新意识。现代医学的高速发展对医学生的创新能力、创新方法提出了更高要求,我们应该在认识自身创新能力的基础上,熟练掌握各种创新方法,实现新的突破。本章重点是在了解创新意识、创新能力、创新方法的基础上,能结合学习工作实际,灵活运用创新方法,实现创新活动。

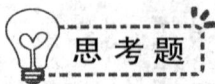

思考题

1. 创新意识包括哪些方面?
2. 你了解的创新方法有哪些?哪三种是你最可能或经常用的?为什么?

第四章　创业常识

学习目标

知识目标

1. 掌握创业的核心要素。
2. 熟悉创业的类型和分类。
3. 了解医学生创业的环境和政策。

技能目标

学会判断创业机会、分析创业风险。

在过去的几年中，在"大众创业　万众创新"的浪潮中，越来越多的人被创业成功的案例点燃了人生理想，每一个心中有人生图画的人都试图想通过创业完成自己的梦想，开创自己的事业，画出自己的一片天地。然而，创业绝非纸上谈兵般说说而已，一旦付诸行动，许多人就会猛然发现，自己对创业知识知之甚少。通过本章的学习，希望带领学生完成创业知识的启蒙引导，对创业不再雾里看花、水中捞月，而是真正走进创业的大门。

第一节　创业的核心要素

案例讨论

【案例】 王轩是一所医学高职院校大一的学生，他思维活跃、善于与人沟通，在学校学生会担任学生干部，经常接触到高年级的学长。一天，有个学长找到王轩说他想在校园内干点事，这件事既能服务同学又能赚点外快，问王轩是否有意参加，王轩一听能挣钱便欣然答应。学长给王轩布置了任务，让他负责前期准备工作。

【讨论】 王轩面对学长的任务，他应该从哪些方面着手考虑呢？需要考虑哪些事情呢？

一、创业的涵义

"创业"这个词汇，我们听上去并不陌生，但是如果要讲清楚它真正的内涵，却非容易之事。按照汉语词典里对该词汇的解释，"创业"是动词"开创"，以及名词"事业"相连在一起而组成的一个词语，这里面显而易见地包含着谁？在干什么事？以及干事的意义？如果在干事的意义这一坐标下进行衡量，创业可以被分成广义的创业和狭义的创业。

(一) 广义的创业

广义的创业是指一个人开创事业的意义对其来说是前所未有的，是过去经验不曾遇到的，需要创业的实践者带着心中的理想参与其中，通过不断的努力获得自己想要的结果。从中我们看出，在广义的创业涵义中，现实生活中的我们，其实每天都在创业中，我们都是创业者，因为人生本来就是由无数多个不确定的事情和环境组成，我们每个人的心中都有着自己的人生理想，都在通过自己的努力朝目标不断迈进，来建造属于自己的人生事业。古代帝王将相开创自己的版图，是不是创业呢？初入职场的新人在工作岗位上拼搏，是不是创业？成为父母的家长想要细心培养孩子，是不是创业？答案是肯定的，因为上述实践，对于每个人的意义和个体的发展而言，都是开创事业。作为第一次怀揣着梦想走入大学的医学生，渴望通过努力在毕业后获得自我的成长和成功，从个人自身的发展角度看，也是创业者，而且创业之路将一直进行下去。

(二) 狭义的创业

狭义的创业是指创业者对自己拥有的资源或通过努力对能够拥有的资源进行优化整合，从而创造出更大经济或社会价值的过程。狭隘的创业一般主要指面向市场和客户的创业活动，在帮助客户提升价值的同时实现自我价值，且创业过程中不能回避金钱利润，也就是创业要实现赚钱，能够推动创业项目持续扩大。目前众多高校的创新创业教育是以狭义创业为基石，在此基础上培养大学生创新精神的教育，就是说真正让大学生掌握创业的本质，并开始尝试进行创业实践。有些学者把创业局限定义在个人或团体创办企业的实践活动，这样容易对大学生创业造成稍许认知偏差。在今天的时代背景下，创业尤其是大学生创业，绝不是创办公司这一条道路可以选择，时代赋予了生活的多元化，继而创业的方式也多元化起来。

二、创业的核心要素

创业要素就是创业活动所必须具有的实质、本质或组成部分，在创业活动中，我们需要知道创业到底包含着什么内容，即由什么要素组成。国外学者对创业现象研究较早，美国哈佛商学院的杰弗里·蒂蒙斯教授被誉为"创业学之父"，他首次对创业活动进行了深刻的总结，提出了创业三要素，即创业团队、创业机会和创业资源，即任何一次完整的创业过程都包括这三个要素，且缺一不可。我们也可以将三个要素简要理解为创业的人、创业的事和创业资源，三个要素之间相互影响，共同推动创业的进展。蒂蒙斯对创业要素之间的关系做了如下解读：第一、创业机会是创业过程的核心驱动力，创业者或创业团队是创业过程的主导者，资源是创业成功的必要保证。第二、创业过程是创业机会、创业者和创业资源三个要素匹配和平衡的结果。第三、创业过程是一个连续不断地寻求平衡的行为组合。

(一) 创业团队

毫无疑问，创业团队就是创业实践的组织者、发起者、管理者、控制者，通俗理解就是创业的人，那么创业是不是只能是团队，是否存在一个人创业的情况？在刚开始创业时，一个人可能应付得过来，但随着创业项目越做越大，一个人的精力和能力毕竟有限，这时就需要团体的成员相互配合才能保证创业的持续进行，俗话说"一个好汉三个帮，一个篱笆三个桩"。由于创业是实践活动，在实践中人是最重要的要素，所以创业团队是创业要素中最重要的要素。

（二）创业机会

创业机会是创业过程中的核心推动力，特别是在企业创业之初，是创业成功的首要因素。通俗理解，创业机会就是创业过程中项目的选择，也可以理解为商机。创业机会，大多产生于持续变化的市场环境，环境变化了，市场需求、市场结构就会发生变化，导致这种变化的因素来自于消费结构升级、城市化加速、居民收入提高、产业结构的变动、政策的变动、人口结构的变化、全球化趋势等等方面。如果是机会，那么就有先后占据的时间问题，一般来说，创业成功与能否挖掘到创业机会密不可分，毋庸置疑，先看到商机并能率先实践开发，创业成功的概率就会增大。说时容易做时难，这需要创业者具有敏锐的头脑和灵敏的商业嗅觉。

∞ 知识链接

善于捕获创业机会

2008年开始在宿舍创业，到2015年，获得E轮融资，拥有几千员工，服务范围也从上海交大周边快速扩展到全国250个城市，这便是中国最大的在线外卖订餐平台"饿了么"的快速发展轨迹。2008年，还在上海交通大学机械与动力工程学院读硕士一年级的张旭豪也认为，只要自己做的东西被市场认可，个体就是有价值的。一天晚上，他和室友一边打游戏一边聊天，突然感到饿了，打电话到餐馆叫外卖，要么打不通，要么不送。

创业就这样从不起眼的送外卖服务开始了。张旭豪和康嘉等同学一起，将交大闵行校区附近的餐馆信息搜罗齐备，印成一本"饿了么"的外送广告小册子在校园分发，然后在宿舍接听订餐电话。接到订单后，他们先到餐馆取快餐，再送给顾客。这一模式完全依靠体力维持业务运转，没有太大的扩张余地。唯一的好处是现金流充沛：餐费由他们代收，餐馆一周结一次款。

2008年9月，"饿了么"团队开始研发订餐网络平台，张旭豪先通过校园BBS招来软件学院的同学入伙。用了半年左右，他们开发出了首个订餐网络平台。在网址注册上，他们用"ele.me"（"饿了么"的汉语拼音）组成，网站订餐可按需实现个性化功能，比如顾客输入所在地址，平台便自动测算周边饭店的地理信息及外送范围，并给出饭店列表和可选菜单。

为了给网站造势，张旭豪不停地参加各种创业大赛，以扩充创业本金。2009年10月，"饿了么"网站在上海慈善基金会和觉群大学生创业基金联合主办的创业大赛中，获得最高额度资助10万元全额贴息贷款。12月，网站在欧莱雅大学生就业创业大赛上，获得10万元冠军奖金……

通过创业竞赛，团队总共赢得了45万元创业奖金，获得资金的"饿了么"网如鱼得水，到2009年底，订餐平台已拥有50家餐厅进驻，日均订餐交易额突破万元。

（三）创业资源

创业资源是指可以支持创业项目持续发展的一切有形及无形资产。一提到资源，大家的头脑中首先想到的就是创业资本，而大学生也常常因为创业资本不足而导致对创业望而生畏，这是缺乏创业基本知识的表现。其实，创业资源不仅包括创业资本，还包括在创业过程中可以利用的一切事物，包括人才、管理、技术等，需要综合考量创业资源的匹配问题。在创业之初，对于创业者来说，可利用的资源一般相对较少，但随着创业项目的发展和壮大，创业资源也会随着增多，将创业项目带入良性的发展循环中。面对前期创业资本不足的问题，大学生可以通过参加创业大赛等途径来获得投资人的青睐，这不失为一个好的策略。

三、创业的特征

在明白了创业活动的核心要素后，你是否已经摩拳擦掌、跃跃欲试地想加入创业者的队伍了呢？在看似简单的创业活动的背后，我们还需要通过分析创业的特征，进而更丰富、更立体地了解创业的本质。众所周知，创业活动与其他一切实践活动一样都是活动主体有目的地完成某项活动的过程，创业活动因为其过程涉及诸多要素，从而随着创业实践程度的逐步深化而变得复杂化、多样化，但是无论在创业起步阶段，还是在创业成熟阶段，以下三个特征始终会出现在创业实践中。

（一）自主性

自主性即实践主体按照自己的意愿行事的特征，创业活动是创业者自己确定创业项目和发展计划的过程，其自主性显而易见，这个特征也是吸引一部分创业者的原因之一。自主性意味着创业者可以将自己的梦想和抱负付诸创业的过程中，不再受到其他人的左右，完全将创业之船掌控在自己的手里。但是需要注意的是，创业的自主性有可能将创业者带入一意孤行的创业歧路中，所以面对创业的自主性，创业者要时刻保持学习的态度和开阔的视野，才能将创业的自主性特点充分利用好。

（二）风险性

我们常常听到一句耳熟能详的广告提示语"入市有风险，投资需谨慎"，这句话也同样适用于创业，即"创业有风险，创业需谨慎"。当一个行业特别赚钱的时候，人们蜂拥而上，完全看不到潜在的风险，这是可怕的。当一个创业者豪情万丈地急于开创自己的一片天地时，也往往忽略掉了很多风险。创业风险性的存在不代表创业者投降认输，相反在一个成功的创业者看来，每一个风险都是不确定性因素，每一个不确定性又是创新的源泉。大学生在创业时要时刻保持谨慎的心态，需要注意的是有些风险是致命的，足以将一个接近成功的创业项目彻底击溃；而有的风险则显得无足轻重。这就需要大学生多多积累经验，缜密思考，从而理性地预判和应对风险，保证创业活动的持续进行。

（三）艰难性

在今天媒体充分发达的时代，创业的艰难故事几乎在任何媒体平台都有展示，人们也能够从众多的成功创业故事中，读出创业过程中的辛酸和不易。试问如果想取得成功，抑或达到自己心目中理想的成绩，哪有一蹴而就，或者一帆风顺呢？有句脍炙人口的歌词更是将其写得淋漓尽致，"没有人能随随便便成功"，人生如此，创业亦如此。创业的艰难性不仅体现在程度层面的困难，即可能是创业者在创业之初不曾想到会面对的困难，还有在时空层面的困难，即在许多年之后迎来创业成功之前经历的多年的坚持、忍耐和不放弃，这许多年可能是几年，也可能是几十年，相当多的创业者在时间等不起的状态下纷纷离场，这是创业艰难残酷的一面。

第二节　创业分类与过程

一、创业的分类

按照不同的分类标准，创业可以分为不同类型，下面我们主要按照创业动机、创业效果和创业模式三个方向对创业进行分类

（一）按照创业动机进行分类

创业活动按照创业动机进行分类，可以分为生存性创业、兴趣型创业和机会型创业。

1. 生存性创业　顾名思义就是为了谋生而选择了创业之路，一般指创业者将创业经济来源作为其生存的唯一来源。此种创业，刚开始创新的成分较少，为了解决创业者的温饱问题，一般创业者都会选择门槛相对较低、科技含量较少的行业入手，但随着创业项目的不断扩大，创新的元素会逐渐增多。生存型创业往往是由于没有其他就业选择或对其他就业选择不满意而从事创业的活动，是那些由于没有其他更好的工作选择而从事的创业。"老干妈"品牌创始人老干妈陶碧华就属于此种类型，陶碧华最初创业就是为了解决家里的温饱问题，开了个简陋餐厅，饭店生意不大好，很多顾客却偏爱上了她制作的麻辣酱，由此走上了食品加工的成功之路。

2. 兴趣型创业　这里的兴趣型指向的不是消费者的兴趣，而是创业者的兴趣，创业者对某个领域极其感兴趣，并把兴趣与市场结合，想通过创业使兴趣得以展现或者实现，此类创业者一般为某一领域的达人或专业人士。

3. 机会型创业　机会型创业应该是目前创业环境中大部分创业者的写照，即是指那些为了追求一个商业机会而从事创业的活动，虽然创业者还有其他的选择，但他们由于个体偏好而选择了创业，是那些为了追求一个机会而开创企业的创业者，他们是自动自发地开创他们的企业。

（二）按照创业效果进行分类

创业活动按照创业效果进行分类，可以分为复制型创业、模仿型创业、安定型创业、冒险型创业。

1. 复制性创业　此类型是指创业之初已经获知其他公司的经营模式，从中我们几乎看不到创新的成分。在一些入门门槛相对较低的行业，复制性创业所占比例较高，这种类型的创业基本上只能称为"如何开办新公司"，并不属于真正的创业。例如：某人在某个幼儿园从事幼教工作，她离职后选择自己开办一家幼儿园，即属于此类型创业。

2. 模仿性创业　这种类型的创新成分同样不高，难以给市场或者行业创造新的价值。虽然复制和模仿都是向他人学习，但复制性创业和模仿性创业还是有些许不同，体现在复制性创业的创业者本身曾经在创业的领域从事过工作，或者可以理解为较为熟悉此领域的经营内容，而模仿性创业者则是通过模仿获得，得以立足，建议创业者可以在模仿的同时，结合自身的实际进行创新突破，找到属于自己的优势。

3. 安定型创业　此类型创业多见于一个成熟的企业内部的创新研发，更强调的是创新精神和创新品质的体现，虽然为市场提供了新的产品或者服务，但对于创业者而言并没有太大的改变。

4. 冒险型创业　冒险即意味着具有较高难度，一般难以实现的意思。冒险型创业是创业者选

择了难度高、风险大的创业之路，一般多见于高科技方面的创业活动。由于一项科技的研发需要经过几个环节的共同打磨，且存在较高的失败概率，所以创业者投入科技创新一般为冒险型创业。对于大学生创业而言，选择创业的道路和自身掌握资源的不匹配，便断然决定创业，同样属于冒险型创业。所以作为大学生创业者要理性思考并勇于实践，避免盲目创业、贸然创业。

（三）按照创业模式进行分类

创业活动按照实践地点进行分类，可分为网络型创业和非网络型创业。

1. 网络型创业　顾名思义就是利用网络平台作为创业主阵地，网络与实体门店相比较，大大减少了创业者的投资成本，受到越来越多创业者的青睐，并且随着网络世界的无限发达和网络销售的日趋完善，网络消费也逐渐获得消费者的信任。大学生创业之初，创业资金非常有限，在这种情况下选择网络平台进行项目推广，不失为一个良策。创业者可以利用的推广平台如微信、微博、抖音等热门APP增加人气和关注度，从而为销售打开广阔渠道。

2. 非网络型创业　相比较于网络型创业，非网络型创业的资金投入较高，过去"酒香不怕巷子深"的年代在如今商业宣传铺天盖地的时代，变成了"酒香也怕巷子深"。尤其对于某些需要消费者体验的创业项目，更需要考虑到店铺的地点，最理想的地点当然是选择在人流涌动、繁华的街道创业，但无形中便增加了许多创业成本，此时创业者需要思考投入成本和预期收入的平衡，综合考虑做出最优方案。当然除了实体店铺外，非网络创业的地点也可以选择居家的形式进行创业。居家型创业并非仅仅限于家庭居住，只要创业者在居住的地方进行创业实践便都属于居家型创业，在大学生创业中十分常见。有些大学生在上学期间便开始创业，把自己居住的寝室当成了创业之地，创业项目也多围绕同学们的实际需求开展，既实现了自己的创业梦想，又达到了服务同学的目的。

二、创业的过程

创业是一个没有终点的征程，从创业想法在创业者头脑中闪现到项目能够真正获益，且创业项目走入良性发展之路，是一个漫长的过程。由于在这一过程中，创业者在不同的时期所关注的内容不同，所以我们对创业的过程做了简要的阶段划分，但这并不意味着一个创业项目只有这四个阶段，也不意味着这四个阶段是独立存在的，现实的创业过程是这四个阶段相互渗透，共同支撑起整个创业项目的过程。

（一）第一阶段：计划阶段

在这一阶段中，创业者要么是明确了要走创业之路但不知道具体方向，或者是发现了一个非常不错的创业项目继而想要完成心里的创业之梦。基于上述两种情况，创业者开始了创业计划阶段，他要根据创业要素不断进行思考、分析和整合，为创业实践做好准备工作。

（二）第二阶段：起步阶段

进入这一阶段就意味着创业实践的开始，创业者所有的计划将在这一阶段得以实现，创业进入了"实战"状态。如果前期计划完整且客观准确，那么起步阶段面临的困难将较少，反之亦然。马云在一次公开演讲中说了这样一段话："创业的路上，今天很残酷，明天很残酷，后天很美好，很多人死在了明天的夜里。"这说明许多创业项目还没来得及等到成功便不得不面对失败。纵观许多大学生创业，如何在起步阶段减少错误，获得创业持续发展力是大学生创业者不得不思考的重点。

（三）第三阶段：发展阶段

创业项目进入发展阶段，即不用再担心项目的生存问题，在这一阶段中，摆在创业者面前的首要问题是如何扩大经营、拓宽市场，将创业项目深入推广到人尽皆闻、妇孺皆知的理想境地。

（四）第四阶段：成熟阶段

成熟阶段的创业企业一般在各方面都较为完善，例如具有了丰富和完善的管理体制和机制，企业内部的各个部门的权责分明，企业规模较大且具备较好的经济实力和资源。一般我们耳熟能详的著名大企业都是在成熟阶段才被熟悉，此时的创业者需要不断在内部进行企业创新和产品创新，以便让企业在市场中立于不倒之地。

第三节　创业机会与创业风险

作为创业核心要素之一的创业机会，是任何创业实践都必须含有的，任何一个成功的创业案例，其自身都蕴含着"优秀的好点子"，即创业机会，如何才能获得创业机会需要每一个创业者开动脑筋以及深思熟虑。

一、创业机会的含义

走出创业机会的误区

当说到创业机会时，我们往往无法绕过一个词——"商业机会"，人们往往把二者混为一谈，因此也常常在创业实践初期因为认知误区而走入实践泥潭，那么创业机会是否就是商业机会呢？两者之间有什么联系呢？

1. 商业机会和创业机会　商业机会，也就是"商机"，简单说来就是能够带来利润的机会，是有利于某个商业活动主体包括个人或者企业，获得某种商业利益的一组条件的形成。有时商业机会出现的较为隐蔽，需要通过分析现实情况或者未来趋势才能获取。按照非瓦尔拉斯经济学的观点，市场上的供给和需求多数都不能"出清"，即供求不可能平衡，当市场上某种需求没有被满足时，就意味着出现了商机。创业机会则是指具有持续性的商机，能够适合创业的商机才是创业机会。

2. 二者的区别和联系　这里需要明确的是，并非所有的商业机会都是创业机会，有些商业机会具有短暂的一时性，即目前确实存在供需关系的不平衡，但属于暂时现象，随着时间的推移这种现象便可能消失，这样的商业机会就不是创业机会。例如：某小区由于供水管道破裂导致居民饮水出现困难，这时如果有人在小区周围出售饮用水，一定不担心卖不出去，这确实是一个商机，但是否能够因为此时销售火旺就租了一个门面准备长期销售呢？创业者应该想到一旦小区供水正常，势必将影响你的销售，所以这个商机便不能转化为创业机会。

是否因此我们就需要跳过商业机会去寻找创业机会呢？答案是不需要。因为商业机会是创业机会的基础，寻找商业机会是寻找创业机会的起点，只有在找到商业机会的基础上，我们对机会进行判断和评估，才能确保找到了一个好的创业机会，才能提高我们的创业成功率。创业机会是适合以创业的方式实现商业利益的商业机会，是一种特殊的商业机会。创业机会是可以引入新产品、新服务、新原材料和新组织方式，并能以高于成本价出售的情况。创业还带有创新性，即创业主体能否将商业机会与自我思考的创意点子联系起来，并加以实践就显得尤为重要，这样才能保证你的商业机会变成了独一无二的创业机会。因此，当你看到了一个商业机会，这是否就意味着创业者可以启动资金、战略、团队以及资源来创业呢？当然不是，商业机会可能随时看到，但这绝非意味着你可以随时创业，原因是有些供求关系不平衡不是来自于你的深入调研，而是自己经过简单观察推断出来的，其真实情况并非如此，或者一个商机听上去不错，但是市场并非认可的服务或者产品。

二、创业机会的类型

根据创业机会的来源，我们将创业机会分成如下三类。

1. 问题型机会　应该是大多数创业机会的首选，它立足于已经存在的产品或者服务，创业者要找出现有产品的缺点、现有技术或者服务的弊端，针对这些问题进行创新思考，从而获得创业机会。这个类型的机会，需要创业者善于观察到市场或者消费者的"痛点"，即能够精准地挖掘到哪些方面是市场的不完美、消费者不满意的地方，从这些地方入手，尝试构建解决这一问题的途径或者办法，创业机会便不请自来。

2. 趋势型机会　当社会不断发展、人类不断进化，人们对于产品和服务乃至技术的优化也充满了期待和要求，假如社会倒退十年，我们无法想象手机会变革成一部掌上电脑，网上购物会变成人们生活的一部分，共享经济会带给我们无处不在的便利。绝大多数的普通人都无法预料，但是一些具有前瞻性的人还是预测到了，于是在创业浪潮的今天，才有了大批的创业者在上述领域获得了成功。他们的成功有诸多要素决定着，但是比较重要的是他们都看到了人类社会发展的趋势，并将这种趋势变成了创业机会，最终在创业的道路上拔得头筹。他们看到了人们对于智能、方便、快捷产品和服务的向往，对于时尚、自我、美丽事物的追求，所以一个成功的创业者不光是一个行动的敏锐者，更是趋势发展的预言家。

3. 组合型机会　如果仔细分析一个好的创业机会，不难发现它不仅仅包含一个创业机会类型，其常常是两个创业机会类型的综合结果，既考虑到现有产品、服务或技术不完美的地方，而且还能够看到人们对此向往的方向和发展的趋势，以此创新思考获得创业机会。

▶ **课堂互动**

小魏的创业机会属于什么类型呢？

2012 年 4 月，上大三的小魏瞒着父母，投入 5000 元开起了网店。"一开始也有些担心，毕竟投入那么多钱"，小魏说，网店的摄影、美工、售前售后等都需要技巧，她只能一步一步摸索，失败了再重来。当时，她和男友每天打理网店，"从早上 9 点一直坐到晚上 11 点，还会因为压力大而失眠"。2012 年 5 月，小魏的网店终于有了起色，"算下来，第一个月我们就赚了 2000 元！"回忆起来，小魏难掩兴奋，"当时高兴坏了，觉得网店比开格子铺更赚钱"。一开始，小魏的网店主要卖手机壳，自己在手机壳上绘图，然后拍图摆上网，但生意并不好。后来，热爱艺术的男友给了她一个建议，让她注重独特性，做出有自己风格的网店。此后，小魏开始瞄准学生包市场，为了追求独特性，她常常花钱淘一些风格奇异的进口手工包。一次，在英国的朋友说有一个牛皮包很好看，"我看了那个包的照片，感觉制作和风格很独特"，小魏要朋友花几千元钱买了回来，然后摆上自家铺子卖，"好多人抢着要买，我感觉找到了出路"。随后，小魏开始经营风格独特的手工包，且2012年6月起，网店的生意越来越好。"今年4月结算时，我发现竟挣了30万元"，虽然知道赚了钱，但面对这个数字，小魏还是感到惊讶。现在，她的网店每周有200件的成交量，"算下来一个月能卖出去六七万元的货，除去成本能挣3万元左右"。（摘自网络青年创业网）

三、创业机会的评估

如果请你说出创业机会，也许能够说出几个或十几个，但是请别忘记，所有这些创业机会都是值得去创业实践吗？这里就涉及对创业机会的评价，去辨别、发现那些值得我们创业的机会。《21世纪创业》的作者杰夫里·第莫斯在其书中就得出了这样的结论："好的创业机会通常具有以下四个特征：第一，它很能吸引顾客；第二，它能在你的商业环境中行得通；第三，它必须在'机会之窗'敞开期间被实施；第四，必须要资源，即人、财、物、信息、时间和与之相匹配的技能"。按照杰夫里的理论，大学生在对创业机会进行评估时也需要从上述四点着手评价。

（一）评估创业机会是否足够吸引顾客

创业的立足点是创造价值和利润，那谁来为价值和利润买单？当然是市场和消费者，所以好的创业机会必须得到市场和消费者的认可。于是，创业者在开始着手创业时便要对创业机会进行深入剖析，最有效的方法是调研法，即对消费者进行抽样调查，尽可能多的选取抽样数量，在资金条件允许的前提下，先期将创业机会变为"实物"打入市场，测一测市场的真实反馈，根据调研和反馈结果，不断地对创业机会进行评估和改进。

（二）评估创业机会是否具有可行性

有些创业机会听上去、看上去不错，真正利用科学和有效的评估方式评价后，发现它的失败率高于成功率。有哪些评估方式可以对创业机会进行有效评价呢？宏观角度的分析可以采用PEST分析法，微观方面借助SWOT分析法，对创业机会的可行性进行把握。

∞ 知识链接

PEST分析是指宏观环境的分析，P是政治（politics），E是经济（economy），S是社会（society），T是技术（technology）。在分析一个企业集团所处的背景的时候，通常是通过这四个因素来分析企业集团所面临的状况。

政治环境，是指一个国家或地区的政治制度、体制、方针政策、法律法规等方面。这些因素常常影响着企业的经营行为，尤其是对企业长期的投资行为有着较大影响。

经济环境，指企业在制定战略过程中须考虑的国内外经济条件、宏观经济政策、经济发展水平等多种因素。

社会环境，主要指组织所在社会中成员的民族特征、文化传统、价值观念、宗教信仰、教育水平以及风俗习惯等因素。

技术环境，是指企业业务所涉及国家和地区的技术水平、技术政策、新产品开发能力以及技术发展的动态等。

下图为一个互联网行业产品的 PEST 分析：

互联网行业产品分析

P Political	E Economic	S Sociological	T Technological
1、国家出台了哪种相关政策？制约还是促进？ 2、相关法律有哪些？有何影响？	1、GDP增长率、进出口额及其增长率。 2、消费价格指数、失业率、居民可支配收入。	网民与公民的人数、性别比例、年龄结构、地域分布、生活方式、购买习惯、受教育程度、宗教信仰等的区别。	1、技术发明、传播、更新的速度，以及商业化速度和发展趋势。 2、国家重点支持项目、国家投入的研发费用、专利个数等。

（三）评估创业机会的适当性

好的机会常常转瞬即逝，正如俗语所言"机不可失，时不再来"，正因为机会出现的时间节点非常重要，所以创业机会的评估一定要对此给予关注。如果一个创业项目具有行业或者技术和服务的前瞻性，符合社会发展潮流的趋势，且目前少有人问津，那么这个创业机会就是一个非常不错的机会。相反，如果市场已经有相当多的项目涉列到创业者选择的创业项目，那么创业实践需要三思而后行，因为此时的市场对于这样的创业项目已经非常多，这就意味着你的竞争对手较多，如果你的创业项目不具有更大优势或创新点，那创业的成功率便大打折扣。

（四）评估创业机会的适合性

有些创业机会需要较多的资金投入，较强的科技注入，或者需要较好的政策支持，这样的创业机会与大学生普遍选择的创业项目相距较远。大学生创业还是建议选择门槛相对较低、周期相对较短、资金投入相对较少的创业机会进行实践，否则由于自身资源不完备而造成后期发展乏力，无形中增加了大学生创业的风险。

四、创业风险

风险就是指可能发生的危险，由于具有的是可能性，因此它常常是潜在性的，而由于具有潜在性，那么它就有可能被人们所忽视。众所周知，创业是带有风险的，我们常常能看到诸媒体的创业故事，无数人成为创业路上的"牺牲者"——他们失败了，创业之路无法再继续前行，这是创业者最不想看到的结果。创业者所追求的是创业事业的持续发展，为了这一目的，创业者需要未雨绸缪，正视和了解在创业过程中存在的各类风险。

针对风险的来源和特点，我们将创业风险分为两类，分别是可前瞻性风险和不可抗力风险。

（一）前瞻性风险

前瞻性风险是指作为创业者或者创业团队可以用理性和经验做出判断和预测出的风险。理性和经验是针对个人的理性能力和创业经验而言，大学生创业必须将前瞻性风险按照创业要素进行思考，即从创业的要素人、事和资源的角度进行分析。而创业者常常要考虑的，是在创业过程中是否有创业团队的核心成员要退出创业团体、是否由于创业者造成的人员管理不当而出现创业难以继续的局面、创业团队是否由于想法和观念不同而产生分歧，这些都是人力资源风险的集中表现。对于创业项目的风险，主要强调的是，项目由于创业内部或外部变化而造成的风险，例如创业核心技术的丢失或被复制、企图利用的资源得不到有效利用、创业项目资金的缺乏等。此外，创业机会本身也蕴藏风险。例如，创业机会并没有在创业者规定的时间内获得足够的持续发展来源，创业项目的市场和消费者反馈较差，没有实现预期的设想。如果是创新一种技术，那么还可能面临技术的失败和成果转化的不确定性。

（二）不可抗力风险

不可抗力风险是指创业者在创业过程中不可预见、不能避免且无法克服的客观情况，此风险一旦发生，创业者或创业团队将面对不能掌控的局面。不可抗力风险一般是指相对于创业项目的微观而言的宏观改变，俗称"大环境"，这里主要体现在宏观政策或环境的变化。例如，2020 年全国人民都经历了一个不平凡的春节，在国家的有效组织和管理下，新冠肺炎疫情在最短时间内得到了控制，百姓生活也逐渐恢复到常态，但是疫情对中国经济还是产生了不可估量的影响。尤其在疫情最开始且最严重的时期，人们居家隔离，减少去公共场所的次数，致使那些需要"人流"带动"收益"的中小微企业损失惨重。餐饮业和零售业是此次疫情下受到波及较大的行业，大批个人经营的小微店铺都选择了关门大吉。2020 年的疫情是任何人都没有办法预测到的，属于不可抗力风险，一旦出现，就是考察企业能否在面对不可抗力风险时做出缜密的部署，以及企业内部制度体系中是否有较为完善的经营体系来应对破产的风险。

第四节　医学生创业环境及创业政策

一、医学生的创业环境

作为一名医学生，是否了解创业环境？如果现在让你结合你的医学专业进行创业，会选择哪些创业方向呢？选择什么项目进行创业呢？一般情况下，首先想到医学生的专业所针对的人群特点，再想想目前市场还缺少哪些服务或技术，以便能够打开市场。以上内容在你脑海里出现就是对创业环境的分析过程。创业环境是一系列概念的集合体，是各种因素综合的结果，正确认识和了解创业环境的前提是对创业环境进行正确的评价。

（一）"银发"经济

众所周知，我国已经迈入老龄化社会，且随着时间的推移，人口老龄化的程度持续加深。据《中国发展报告 2020：中国人口老龄化的发展趋势和政策》显示，到 2022 年左右，中国 65 岁以上人口将占到总人口的 14％，实现向老龄社会的转变。报告认为，人口基数大、发展速度快是中国人口老龄化典型的特征。2000 年，60 岁及以上的老年人口为 1.3 亿，占总人口比例 10.3%，65 岁及以上老年人口 8827 万人，占比为 7%。2005 年中国 65 岁及以上老年人口突破 1 亿人，超过多数发达国家的总人口。2010 年，中国 60 岁及以上的老年人口数达到 1.78 亿，占总人口比例 13.3%，65 岁及以上老年人口达到 1.18 亿人，占总人口的 8.9%。根据国家统计局发布的数据，2019 年末中国 60 岁及以上的老年人口数达到 2.54 亿，占总人口比例 18.1%，65 岁及以上老年人口达到 1.76 亿人，占总人口的 12.6%。随着老年人口的急剧增长，"银发"经济也随之到来，我国一贯倡导"老有所养、老有所依、老有所乐、老有所安"，近年来，养老问题一直占据社会新闻的热点头条，围绕养老的问题始终是全社会共同关注的焦点问题。作为医学生，如何结合自己的专业在服务社会方面做出贡献，是我们在创业之路上应该思考的问题。

（二）"大健康"经济

随着社会和时代的发展，人们对于健康的追求不再仅仅停留在"没有疾病"的简单目标下，医学健康知识的普及让人们逐渐从"治病"走向了"养生保健"。说到养生，人们头脑中固有的思维便是中老年群体对养生保健的热衷，而据第一财经商业数据中心的调查显示，九成以上的 90 后人群已经拥有养生的意识，超过两成的 90 后人群还有长期服用保健品的习惯。2020 年网络的"618 购物节"中，养生茶、防脱发洗发水这些养生产品，搜索最多的人群就是 20 ～ 29 岁的消费群体。而造成年轻人对养生保健的热衷原因，是他们工作压力大、生活作息不规律。针对上述现象，作为医学生可以积极思考在这样的"大健康"经济下，如何在创业市场中捷足先登。

（三）"互联网 + 医学"经济

随着网络科技的发展，如今的互联网应用可谓遍地开花，互联网 + 已经深入到各个行业和领域，为各行各业的发展提供了较为有力的技术支持。"互联网 + 医学"简单说就是包括了以互联网为载体和技术手段的健康教育、医疗信息查询、电子健康档案、疾病风险评估、在线疾病咨询、电子处方、远程会诊及远程治疗和康复等多种形式的医学健康服务。2019 年，国家卫生健康委员会发布《关于促进"互联网 + 医疗健康"发展情况的报告》，报告显示，全国已有 158 家互联网医院，"互联网 + 医疗健康"的政策体系基本建立，行业发展态势良好。尤其在新冠肺炎疫情肆虐期间，让我们更深切地感受到利用互联网平台开展健康保卫战给全国人民带来的便利。作为医学生的我们，可以结合自己所学专业，在"互联网 + 医学"经济的路上不断探索。

（四）全民"动起来"经济

在 21 世纪，如果让你说出一个全民参与度最高的活动，"减肥"活动当之无愧。"减肥"在当代不仅成为人们在追求完美身材过程中的必经之路，更是体现了人们对健康运动意识的逐步提升。人们不再仅仅把"减肥"与"塑性"画等号，而是把"减肥"与健康运动相结合，大众对于健康运动的需求日趋增多，如何在健康和运动两者中找到平衡点，这无疑是一个较为不错的创业之路。建议创业者对不同消费群体进行充分调研，在结合医学和健康知识的基础上，积极创新健康运动新形式、新内容，以满足市场消费群体的不同需求，更要善于利用互联网 APP 或小程序等平台，设计出针对不同群体的运动平台，打造特色健康运动产品，引领健康运动新风尚。

二、创业政策

近几年来，创业的激情点燃了全国人民的热情，大学生群体也积极投入到创业大军中去，同时国家鼓励大学生尝试创业，各地多措并举为大学生创业做好服务工作。每个省份根据各省经济状况颁布了相关的大学生创业优惠扶持政策，旨在为大学生创业保驾护航。为了以创业带动就业，财政部、国家税务总局发出《关于支持和促进就业有关税收政策的通知》，明确自主创业的毕业生从毕业年度起可享受三年税收减免的优惠政策。其中，高校毕业生在校期间创业的，可向所在高校申领《高校毕业生自主创业证》；离校后创业的，可凭毕业证书直接向创业地县以上人社部门申请核发《就业失业登记证》，作为享受政策的凭证。在启动资金方面，各个省份的政策不尽相同，但针对大学生创业的担保贷款几乎都已经启动，从几千元到几万元不等，针对大学生创业注册公司的过程，各地也纷纷出台简化手段为大学生创业提供便利。例如在上海，大学生创业者携带身份证、毕业证等手续可以直接到工商部门，以"零首付"的方式创办一家属于自己的公司。

以下我们简要梳理国家对于大学生就业创业的各种政策。2003 年 5 月，我国首次以国务院名义发布了有关大学生创业的政策———《关于做好 2003 年普通高等学校毕业生就业工作的通知》，要求对从事个体经营的大学毕业生减免管理类与登记类等各项行政事业性费用，并为其提供创业担保与小额贷款。2003 年 6 月，国家工商总局下发了相关通知，针对 2003 届大学毕业生从事个体经营活动制定了较为具体的收费优惠政策。2004 年 4 月，共青团中央、劳动和社会保障部共同发布了《关于深入实施"中国青年创业行动"促进青年就业工作的意见》，提出在创业意识的普及、创业能力的培养、创业服务的提供、创业环境的优化、就业服务的完善等五个方面积极行动，支持并指导高校毕业生等青年通过创业进行就业。2005 年，我国各部门相继提出了大学生创业相关的很多政策，如《关于进一步做好 2006 年高校毕业生就业有关工作的通知》中第二条的第四点、《关于进一步加强创业培训推进创业促就业工作的通知》等，进一步增强对大学生创业的扶持力度。2007 年，财政部与国家税务总局发布了《关于国家大学科技园有关税收政策问题的通知》、《关于科技企业孵化器有关税收政策问题的通知》，其中，对大学生创业提出了相应的税费减免政策。2010 年，在《教育部关于大力推进高等学校创新创业教育和大学生自主创业工作的意见》中，教育部要求各高校应针对大学生进行"一对一"的创业指导与咨询，提高创业服务的有效性及针对性。2011 年，《国务院关于进一步做好普通高等学校毕业生就业工作的通知》指出，应组织开展政策咨询、信息服务、项目开发、风险评估、开业指导、融资服务、跟踪扶持等"一条龙"创业服务。2015 年，人力资源和社会保障部发布的《关于做好 2015 年全国高校毕业生就业创业工作的通知》关注就业创业相关政策的落实，要求各地各部门落实大学生创业的各项优惠政策（ 如创业培训、创业服务及小额担保贷款与税收优惠等政策），真正地方便大学生投身于创业活动。2018 年，教育部发布了《教育部关于做好 2019 届全国普通高等学校毕业生就业创业工作的通知》，明确指出要"推动双创升级，着力促进高校毕业生自主创业"，提出应当全面深化创新创业教育的改革、完善并落实创新创业优惠政策、加大对应届毕业生在创新创业方面场地、资金、税收等的扶持力度，强化针对应届毕业生的创业指导与服务。2020 年 3 月，为减轻新冠肺炎疫情对高校毕业生创业的不利影响，教育部强调应特别重视大学生创业政策的落实，要求各地教育行政主管部门与全国各高校会同有关部门落实大学生创业优惠政策。

以上这些都是国家对于大学生创业给予的帮助和支持，希望大学生创业者积极与所在地区的市场监督管理部门取得联系，了解当地的优惠政策，开启稳健的创业第一步。

本章小结

本章从创业本质入手，带领各位同学真正踏入了创业实践的大门。在创业开启初期，我们利用创业三要素做好充分的创业准备，要善于找到商业机会并注入自我创新元素，使之成功转化为创业机会，评估好相应的创业风险，在专创融合的道路上仔细思考，挖掘市场趋势，找到医药健康服务行业的"痛点"，在创业的道路上迈入踏实的第一步。本章的重难点为创业机会的把握和分析，以及创业风险的判断，同学们可以根据自己的创业目标做全面、理性的分析。

思考题

1. 谈谈创新要素含有几个？哪个要素最重要？
2. 简要说一说商业机会和创业机会的不同。
3. 尝试提出一个创业项目，按照创业风险类型进行分析。

题库

医药大学堂
WWW.YIYAODXT.COM

第五章　创业者与创业团队

学习目标

知识目标

1. 掌握创业者和创业团队的内涵。

2. 熟悉创业者和创业团队的类型，能理性的认识创业者。

3. 了解创业企业社会责任意识；创业者需要的基本素质和能力；组建创业团队的五要素、组建原则及管理技巧。

技能目标

1. 能够运用创业团队的组建原则组建创业团队。

2. 能有意识地培养自身创业的素养，锻炼自身创业的组织、沟通、策划能力，养成良好的团队协作精神。

第一节　创业者

案例讨论

【案例】王兴，1979 年人，大学生创业者，校内网、饭否网、美团网等多家网站的联合创始人。2004 年初，为了成就属于自己的一番事业，王兴毅然中断了美国特拉华大学博士学业回到国内。回国后，联系了一个大学同学，一个高中同学，三人就开始了白手起家的创业过程。多年后他戏称自己"当时除了想法和勇气之外一无所有。"三人先后创办了"多多友"社交网站和"游子图"网站，以失败告终。之后从美国社交网站 Facebook 得到启发，创立了面向中国大学生群体用户的"校内网"，并于 2006 年成为最大的中文社交网络。但校内网的用户量暴增后，王兴缺乏资金来增加服务器和带宽设施，最终只得将其转卖。2007 年 5 月，王兴又推出微博——饭否。到 2009 年 7 月，饭否已成为国内独占鳌头的微博，却又因为政策原因被关闭。屡战屡败的他，多次从先驱变成先烈，被业界戏称为"史上最倒霉连环创业客"。但他坚信他的理念是正确的，他的想法是可行的，缺乏的只是经验的积累。

2010 年 3 月，王兴再次上线新项目美团网，引起社会广泛关注，并在千团大战当中脱颖而出，荣获"团购之星"称号，并先后取得红杉和阿里的两轮数千万美金的融资，逐步走上正轨，越走越强大。2020 年 8 月，著名商业杂志福布斯将王兴列为"2020 福布斯中国最佳 CEO 榜"第 5 位。

【问题】通过王兴成功创业的案例，请思考：

1. 什么样的人可以称其为创业者？

2. 创业者想要走向成功，需具备哪些特质？

一、创业者的内涵

（一）理论渊源

创业者（entrepreneur）概念的提出最早可以追溯至 17 世纪，法国经济学家理查德·坎蒂隆（Richard Cantillon）首次将创业者一词引入经济学。1800 年，法国经济学家让·巴蒂斯特·萨伊（Jean – Baptiste Say）首次给出了创业者的定义，他将创业者描述为：将经济资源从生产率较低的区域转移到生产率较高区域的人，并认为创业者是经济活动过程中的代理人。19 世纪著名经济学家约瑟夫·熊彼特（Joseph Alois Schumpeter）则将创业者的概念进一步发展，他认为创业者应为创新者，应具有发现和引入新的更好地能赚钱的产品、服务和过程的能力。这使得创业者的概念更为丰富具体。当代的创业者概念则更为丰富，如香港创业学院院长张世平就对创业者概念进行了进一步的升华，将其理解为："创业者是一种主导劳动方式的领导人；创业者是具有使命、荣誉、责任能力的人；创业者是组织、运用服务、技术、器物作业的人；创业者是具有思考、推理、判断的人；创业者是能使人追随并在追随的过程中获得利益的人；创业者是具有完全权利能力和行为能力的人。"

（二）狭义上的创业者

今天所言之创业者，狭义上是指从事创业活动的核心人员，包括领导者、核心技术人员、主要合伙人等，其创业活动主要集中于商业活动。这一类型的创业者创业之初的创业目的，主要是利用所掌握的知识、技术、信息等资源来获得更为丰厚的利润回报与提升个人的社会地位。随着创业的深入，创业者逐渐成长与自我完善，其眼界、格局、个人品质得到升华，则将产生更高层次的创业动机，如造福人民，服务社会等。本书所论及的创业者通常指此类狭义上的创业者。

（三）广义上的创业者

广义上则是指一切创业活动的所有参与者，包括创业发起人、领导者、合伙人、跟随者等。创业活动也不局限于商业，既可以是政治方面的创业，也可以是科学研究创新与高新技术孵化等，如新型冠状病毒疫苗研发的所有参与者。只要能主动寻求变化，对变化做出反应，以各种身份从事创新性活动的人都可以视为广义上的创业者。

总而言之，不论是狭义上的创业者，还是广义上的创业者，可以肯定的是创业者一定是创业活动的主体，主导着创业活动的开展，创业者的共同努力对于创业之路成功与否起决定性作用。

二、创业者的类型

对于创业者的分类，方法并不唯一。

1. 按照创业模式进行划分，可分为复制型创业者、模仿型创业者、安定型创业者、冒险型创业者。

（1）复制型创业者 是指创业活动几乎没有创新性，仅仅按照某个已有的成熟运营管理模式，同等规模或缩小规模进行简单复制。这类创业者的创新意愿与创新能力较为匮乏，其创新活动局限于技术门槛低的市场，容易带来较为恶性的竞争。

（2）模仿型创业者　通常以借鉴为主，与复制型创业者不同的是，此类创业者借鉴之余亦在不断思考和摸索，期望对原有想法进行改良与发展。如能吸取成功企业的经验，设计适合自身发展的经营模式，同样可以得以长足发展。如新兴的共享电动自行车就是在共享单车的基础上发展而来。

（3）安定型创业者　通常选择进入自己较熟悉的领域，从事熟悉的业务。对此类创业者而言，创业不一定要开创多大的事业，仅仅是自身创业精神的实现。他们可以创建较稳定的企业，对市场和社会起到一定的作用。如李子柒与她的内地美食短视频创作。

（4）冒险型创业者　往往拥有独特的想法或是独到的技能，会给市场带来很大的创新价值。这类创业者一般有想法、有能力、有技术但缺乏资金。创业难度大，失败率高，相应的成功所得到的回报也很惊人。

2. 若对于创业者按照创业动机进行划分，则可分为生存型创业者、变现型创业者、主动型创业者。

（1）生存型创业者　创业主要动机是能够以此为业求得生存。此类创业者多为下岗工人、转业军人、待业大学生、失地农民等。创业选择多集中在小规模的商业贸易、技术含量低的加工业或成本较低的电商市场。企业发展潜力不大，但在保证市场的活跃性方面具有积极作用。

（2）变现型创业者　往往掌握着一些无形资源，诸如经验、情报、信息、人脉等。通过把握一定的时机将无形资源转变为实际收益的创业者。

（3）主动型创业者　则是本身具有强烈创业意愿的创业者。此类创业者的创业动机主要是为了实现自我理想或追求提升自我价值。他们通常有较为充分的思想和物质准备，属于创业者中理性程度较高的一类。创业动机积极、创业积累较为扎实，因此创业活动的成功率也相对较高，能够承担较大的社会责任。

三、创业者的特质

创业没有平坦大道，更不会有快速成功的捷径。面对困境，迎难而上，愈挫愈勇者方能品味成功。因此，每一个成功的创业者都是不平凡的。众多学者对成功创业者进行了多方面研究，发现他们有许多相同的特质，可归纳为以下几点。

（一）独立自主，敢于冒险

每个创业者都是一位冒险家。商场如战场，在战场上，懦弱的人很难取得胜利。创业是有风险的事业，创业路上更是困难重重，创业者需要有强烈的成功欲望且敢于冒险，敢于拼搏，才能踏上成功之路。同时，成功创业者通常还具备较强的独立思考能力。在面对问题时，能以自己的思考为依据，富有质疑精神而不人云亦云。进行判断时，能自觉从正反两方面进行考虑，寻找各自的立场与依据，而不拘泥于对错，拥有全面分析问题的能力。在惊叹于成功创业者的商业直觉之时，绝不应忽略他们在创业过程中不断培养起来的独立思考的能力，独立思考才是这些成功者屡屡抢占先机的胜利法门。

（二）保持专注，克己自律

成功创业者总保持着高度的专注与严苛的自律，并能长期坚持。松下电器创始人松下幸之助穷其一生专注于他的自来水哲学——"如果一切东西都像自来水一样，能够随便取用的话，社会上的情形就将完全改变了。我的任务就是制造像自来水一样多的电器用具，这是我的生产使命。尽管实际上不容易，但我仍将尽力使物品的价格降到最便宜的水准。"苹果公司联合创始人史蒂夫·乔布斯（Steve Jobs）执着于他的极简主义美学——"好的设计应该是简洁易用的——看起来很普通，用起来却很自然。"

创业是一场苦行，一年创立、两年融资、三年上市的故事往往却在五年内成为泡沫。创业者若不能时刻以高标准要求自己，专注于完善产品设计、改进产品性能、优化团队运作是无法抵达成功的彼岸的。

（三）以诚为本，以信经营

对于创业者而言，应对自我诚实，对合作伙伴信任，对客户真诚。

创业之初，举步维艰，诚实的对待自己，正确地进行自我定位是非常有必要的。成功创业者往往能采用科学的方法（如 SWOT 分析法、波特五力模型等）综合分析自身的优势与劣势，客观看待外界的机遇与挑战，并制定科学的发展策略。

∞ 知识链接

SWOT 分析

所谓 SWOT 分析，即基于创业团队内部竞争条件和外部竞争环境下的态势分析，就是将与研究对象密切相关的各种主要内部优势、劣势和外部的机会和威胁等，通过调查列举出来，并依照矩阵形式排列，然后用系统分析的思想，把各种因素相互匹配起来加以分析，从中得出一系列相应的结论，而结论通常带有一定的决策性。

S（strength）是优势、W（weakness）是劣势，O（opportunity）是机会、T（threat）是威胁。按照企业竞争战略的完整概念，战略应是一个企业"能够做的"（即组织的强项和弱项）和"可以做的"（即环境的机会和威胁）之间的有机组合。

成功创业者一定充分信任自己的合作伙伴。合作伙伴是在创业初期非常重要的人，同在一个战壕里，彼此信任尤为关键。"长远来看，作弊者都是输家。"对自身资本、信息、人脉等有所保留，将合作伙伴视为潜在竞争对手的创业者往往容易走上被孤立的道路。"得道多助，失道寡助"，善于交流，精于合作，乐于分享的创业者则更易于共享资源，达到双赢。

创业者要获得成功，真诚地对待客户必不可少。创业之初，客户稀少，为客户提供满意的产品，优质的服务并充分了解客户的诉求，耐心解决客户反映的实际问题是拓展客户，逐步走向壮大的必经之路。

（四）与时俱进，坚持学习

创业是一个持久战，随着时间的推移和行业的发展，新概念、新技术、新产品或是新的应用场景等不断涌现，能时刻保持"空杯"心态，不断学习，开阔眼界的创业者一定具备更强的适应能力。

成功绝非偶然，成功创业者的这些特质也绝非天生，而是怀有创业想法，立志做一番事业的创业者在艰苦创业的道路上悉心培养，逐步养成。作为当代立志创业的大学生，在创业过程中也应有目标、有方向，完善自我，培养以上这些特质。

第二节　创业者的素质与能力

一、心理素质

创业过程中，创业者会面对各种各样的选择，时常发现做出一个选择，为之付出行动之后却没有换来相应的回报。如果没有很好的心理能力，很容易灰心、沮丧，乃至放弃创业之路。心理素质是容易被忽视的一环，但心理素质是创业者是否能够进行创业的第一个关键素质，也是创业行为能否成功至关重要的一环。

（一）强烈的创业意识

如果想要创业成功，创业者必须有强烈的意愿。为了获得自我实现的满足感，要有渴望创业的野心。创业者们将创业成功作为自己的终生目标，想要克服创业道路上的各种艰难险阻，就需要创业者强烈的创业意识帮助他们迎接各种各样的挑战。创业成功不仅是行动的结果，也是思想上进行长期准备的结果。

学生创业者很多属于心血来潮，一时兴起跟风创业，初期并没有做好长久的思想准备。在面对创业过程中的困难时，往往容易选择放弃，没有主见，最后导致创业失败，失去信心。一般那些具有长期规划并有强烈创业意识的人，面对困难不气馁、不退缩，往往能够取得创业的成功。

（二）良好的心理品质

1. 独立决断 人天生具有独立性和依赖性双重个性，独立性是指思维和行动很少受到他人影响，能独立思考判断，做出选择，能独立行动的心理品质。创业毕竟是少数人的行为，选择创业即选择走出舒适圈，走上少数人才会走的"孤独"的道路，创业者必须舍弃从众心理，摆脱依赖性，培养强大的独立自主性，养成独立思考的习惯。在具体的创业行为中，主要表现为：能综合听取建议，但不盲目听从他人意见，能独立地进行思考，有自己的见解。能综合分析，不受他人影响，能理性的判断和选择，最后落实在具体的创业行动上，能跳出思维定式，开拓创新、不因循守旧。有志创业的职业院校学生需要独立思考，不盲目跟风，综合考虑自身条件和环境条件，独立判断，抓住机遇。

当然，创业者需要独立的心理品质，但不意味着创业者可以脱离社会活动、脱离群体。创业是社会性的活动，创业者需要与人交往、协作，不是闭门造车。创业者保持独立思考的同时需要从社会、群体中获得更多有用、有价值的信息。

2. 坚忍不拔 创业的道路充满风雨，如果没有坚忍不拔的品质，面对困难很容易放弃。坚韧是创业者为了达到目标，不屈不挠，能够忍受挫折、困难、寂寞、冷遇等的心理品质。坚忍不拔的品质往往不是与生俱来的，是在实践中磨炼出来的，创业过程中必然会经历失败和挫折，需要创业者凭顽强的毅力去面对失败的打击。

创业绝非易事，创业过程会遇到普通人不会遇到的困难。如果创业者没有坚持不懈、百折不挠的意志品质，很容易放弃自己的创业活动。创业者的坚韧品质能督促创业者面对困难不轻易改变初衷，半途而废，这种难能可贵的品质会让创业者终身受益。

3. 克己守心 自我约束、自我克制是一种理性的心理品质，它能使人自觉调节和控制自己的情绪情感，约束自己的行为，克服冲动的心理和盲目的情绪，能够调节自我和外界的关系。作为职业院校的学生，缺乏经验，许多学生创业者初步创业获得一点成功后，容易盲目乐观，冲动鲁莽，结果导致失败。因此，面对创业的成功与失败，都需要有意识约束自己，不做出冲动行为。胜，不狂傲；败，不惶馁；安，不奢逸；危，不惊惧；这样创业者方能一步步脚踏实地，从容不迫地迈向成功。

创业者在创业过程中，追求的是"利"，但"水满则溢，月满则亏；自满则败，自矜则愚"，创业者在创业过程中要时刻提醒自己，坚守初心，合理合法经营、依法办事，自觉接受社会公德的约束，不违法违纪，文明诚信经营。利益与法律道德冲突时，要懂得克制个人欲望，理性约束自己的行为。

4. 学会沟通，乐于分享 创业是具有社会性的活动，不可避免的需要与他人交流，合作创业的案例数不胜数，因此，创业者要善于合作，乐于与人沟通思想和感情，积极学会合作与交流，互通有无，实现共赢。"三人行，必有我师"，创业者通过不同形式的交流与沟通，取长补短，提高自己的企业运作效率。在创业过程中，创业者不可避免的需要与各种人群打交道，包括企业外部人员，比如顾客、公众媒体、销售商等，也包括企业内部人员，创业者通过交流、沟通、合作、分享，可以有效化解矛盾、提高信任度，排除障碍，有助于企业的发展。

5. 勇于创新 创业者不满足于现状，总是追求更好的产品、服务。社会的更新迭代、飞速发展也在激励着创业者们，如果不出奇制胜，灵活调整策略，就很容易被竞争对手淘汰。创业者要及时适应外界各方面的变化，敢于面对现实和挑战，灵活、自主的进行自我调整，自我革新。

二、技术能力

良好的心理素质是创业成功的一个方面，想要创业成功除了心理上的准备，不可缺少的还需要具备扎实的技能。这里我们概括为四种技能，即营销能力、管理能力、运营能力和财务能力。

（一）营销能力

创业售卖产品，或是服务，古语常说：酒香不怕巷子深。但是时代在变，当下再好的产品都需要通过销售传递给消费者，消费者面临的同类性选择非常多，如何能吸引消费者选择自己的产品，是对创业者的第一项考验，即需要营销能力。创业者首先需要让自己是销售能手，需要对销售知识有一定了解，能推销产品，能推销所创企业，也能推销自己。很多创业者失败的一个原因便是对销售一窍不通，产品滞销，获得不了盈利，导致创业失败，因此，这是创业者需要具备的一项基本技能。

（二）管理能力

现在很多创业者选择团队创业，成为一个有威信、有能力的领导者，组建一支有竞争力的团队，必然需要创业者具备管理能力。创业其实可以说是从被管理到当家做主角色的转换，很多创业型公司稍微取得业绩，内部就产生矛盾。一个不懂管理的人，很难组建一支凝聚力强的创业团队，最终只能把好的项目夭折或扼杀掉，由此可见管理能力对创业者很重要。

（三）运营能力

"运筹帷幄之中，决胜千里之外"描述的即管理者。创业过程中难免需要领导者下决定，做战略，并且能把战略变为具有可执行性的战术，这就要求创业者具有运营的能力。运营技巧是创业的核心和模式，一个不懂运营只能纸上谈兵的创业家很难带领团队创业成功。

（四）财务能力

创业初期，钱、资源不充足，缺乏好的团队成员都是创业者面临的问题，那么如何合理运用有限的资金，让效能最大化，则需要创业者有一定的财务能力。许多年轻创业者对钱没有概念，更不用说财务知识，容易冲动行事，造成现金流断裂，给企业运营带来负担，最终导致创业失败。有一定财务知识，可以避免被骗，也可以更好规划每一笔资金的用途。

三、其他能力和素质

（一）懂得取舍的能力

鱼和熊掌不可兼得，创业者在面对选择时需要懂得取舍，择其最优项。创业项目很难经久不衰，有困境可以迎难而上；但到项目衰落时期，也需要懂得舍弃。客观理性的评断某一项目的现状和前景，有壮士断腕的决心；需要放弃项目时，应及时止损，将有限的资源用于能够盈利的项目上。

（二）跟上社会变革的能力

社会日新月异，每个行业的窗口期都很短，如何在短时间内识别新的创业机会，需要创业者时刻关注各行业信息，有包容的态度，多整合学习，多接触交流，发掘新的事物和机会，让自己的企业紧跟时代的发展。在"大众创新、万众创业"的大背景下，创业竞争只会更加激烈，创业者只能不断学习新的知识，培养新的技能，才能应对各种挑战。

第三节　创业团队要素及组建

案例讨论

【案例1】某大学 2013 届毕业生小黄曾参加了陕西市政府举行的全市落实创业政策恳谈会。会上，他道出自己想建立一个大学生求职网站的想法，得到了市长的赞赏和支持。他设想在建立的网站中，为企业和大学生搭建起一个长期稳定的接触平台。只要大学生和企业登录注册，双方就可以通过这个平台相互了解，企业甚至可以跟踪大学生在校期间的各方面表现，决定毕业时是否录用。接下来的几个月，小黄开始了广泛的市场调研。他登门 20 多家企业，与人力资源管理部门负责人沟通了这一想法，网站的特色服务内容得到众人的一致肯定。"先向外界推广网站，吸纳大学生和企业登录，并向企业收取一部分会员费。三年后，点击量有了一定提升之后，广告将成为网站盈利的又一渠道。未来，在继续完善网站服务内容的基础上，推出一系列连带产品，我相信这会有更大的发展前景。"小黄做了大量的前期工作，明确了盈利模式，制定了长远规划，进行了较为充分的市场调研，但苦于自己并不擅长电脑编程与网站建设和运营，最终暂时收起创业梦想，投入其他的工作积累经验。事后，他自己总结"因为社会经验的缺乏，考虑不周，竟把最重要的团队合作忘记了。如果当初有几位同样有激情，能力互补的合伙人，我们会更接近成功。"

【案例2】范女士自己进行创业，经过长时间的调研实践，她找到了一个很好的市场切入点，制订了较为科学的商业模式，按理说这是件好事，但范女士最近却十分苦恼。原来，在寻找投资人的过程中，本来十分看好她的创业想法和商业模式的投资人们，听到她自己一个人就是一个团队，而没有其他合伙人的时候，都纷纷表示拒绝对她进行投资。甚至有一个投资人亲口对范女士说："不管你的项目有多好，没有合伙人，成功的可能性几乎为零。"

【讨论】通过案例 1 与案例 2 的阅读，请思考：

1. 什么是创业团队？

2. 为何组建创业团队如此重要？

《史记·高祖本纪》中汉高祖刘邦曾说："此三者（指萧何、韩信、张良），皆人杰也，吾能用之，此吾所以取天下也。项羽有范增而不能用，此其所以为我擒也。"用今天的眼光来看，刘邦正是依仗汉初三杰与其他良臣猛将组建的团队在垓下一战功成，击败不可一世的西楚霸王，夺取天下，创立了西汉王朝。一个好汉三个帮，能力再强的人面对创业活动中的种种繁杂事务都会力有未逮。因此，建立目标高度一致，内部关系和谐，各司其职，优势互补的创业团队是创业活动走向成功的第一步，也是最重要的一步。

一、创业团队的内涵

（一）理论渊源

20世纪80年代之前，人们通常将对创业成功的研究与思考集中于个人创业家，对于创业团队的研究数量稀少且缺乏严谨。这一时期普遍将创业机械的割裂为创业家与其领导的组织，认为创业家将创业过程较为科学的分解成一些单一、重要的工作分配至其他参与者，从而提高工作效率进而获得成功。

20世纪80年代后期，人们开始逐渐意识到"经济的成功来自于具有天分、热情和共识的团队所创造，而非透过个人英雄创业家的迷思。"思考与研究的方向逐渐以团队为焦点。90年代，美国著名的管理学教授史蒂芬·罗宾斯（Stephen Robbins）在他的著作中将团队定义为："团队就是由两个或者以上的，相互作用、相互依赖的个体，为了特定的目标而按照一定规则结合在一起的组织。"同一时间点，纽瑞克从所有权角度将创业团队定义为："创业团队是由两个或者两个以上参与公司创立过程并投入同比例资金的人。"

（二）现代创业团队的内涵

创业团队是指在新企业创建初期由两个或两个以上具有共同目标和不同角色分工、技能互补、所有权共享、愿为共同的创业目标而奋斗的人所组成的共同体。组成团队中的成员各自分工，无法替代。值得一提的是，创业过程中加入进来的新成员也应算作创业团队的成员。创业团队通常具有如下特点。

（1）一个以创建新企业为最终目的的特殊群体。

（2）一个具有新价值创造与创新能力的群体。

（3）拥有共同的目标，其根本目标是为顾客创造价值。

（4）团队成员之间才能互补，团队绩效大于个人绩效之和。

（5）团队成员共同承担责任，且共同拥有企业的所有权以及一切成果的分享权。

（6）创业团队是高层管理团队的基础与雏形。

（三）创业团队的类型

1. 星状团队　一般拥有一个核心人物，在创业活动中起主导与引领作用，根据其创业想法与期望来物色和招募创业伙伴，组成所需的创业团队。这一类型的创业团队组织结构紧密，易于形成较强的合力；缺点是容易形成权力过分集中的局面，在进行关键决策时，风险增大。

2. 网状团队　这类团队的建立主要来自于因为经验、友谊和共同兴趣而结缘的伙伴。在交往过程中，一起发现某一商机，共同认可某种创业想法，并就创业达成共识后，开始共同进行创业。其优点是各成员职权基本一致，易于集思广益；缺点则是意见缺乏一致时，难以迅速做出决策。

3. 虚拟星状团队 由网状创业团队演化而来，基本上是中间状态。在团队中，有一个核心成员，该成员地位的确定是团队成员共同协商的结果，因此，该核心成员是整个团队的代言人而非主导型人物。其在团队中的行为必须充分考虑其他成员的意见，不像星状创业团队的核心主导人物那么有权威。

二、创业团队的基本要素

一般创业团队需要具备五个要素，常使用 5P 模型来描述。

1. 目标（purpose） 有人做过一个调查，问团队成员最需要团队领导做什么，70% 以上的人回答——希望团队领导指明目标或方向；而问团队领导最需要团队成员做什么，几乎所有人都回答——希望团队成员朝着目标前进。从这里可以看出，目标在团队建设中的重要性，它是团队所有成员最关心的问题。有人说："没有行动的远见只能是一种梦想，没有远见的行动只能是一种苦役，远见和行动才是世界的希望。"

团队目标是既定的共同目标，在创业企业的管理中以创业企业的远景、战略的形式体现。它充分调动着团队成员的才能和能力向一个方向集中，同时促进着团队的发展。团队目标的实现也使得团队成员享受到一种成就感，更激励整个创业团队向前迈进。因此，团队目标表明了团队存在的理由，为团队运行过程中的决策提供参照物，同时成为判断团队进步的可行标准，为团队成员提供一个合作和共担责任的焦点。

2. 计划（plan） 对于创业之初的团队来说，制定一套完善的发展计划的重要性要远远高于解决聘用问题、设计控制系统、确定上下级关系等事项。发展计划明确的公司更能承受住创业初期团队组织结构混乱和创业者目标不明确等所带来的考验。相反，再完善的控制系统和组织结构也无法弥补计划上的缺陷。

企业发展计划的最大使命就是保持企业行驶在正确的航道上。如果一个企业的发展计划出现了致命失误，最终会出现南辕北辙，即便是拥有强大执行力的组织队伍，也终会一无所获。检验企业发展计划是否出现偏颇的方法包括以下几点。

（1）计划与企业的长期目标是否一致。

（2）计划与企业的竞争优势是否一致。

（3）计划是否突出了企业的目标市场和消费群体。

（4）计划目标是否为更多的子目标所分解。

一般而言，企业发展计划会与企业的长期目标一致，能够发挥出企业的竞争优势，为企业确定出最容易获得利润的目标市场，并且将长期目标分解为阶段性目标，以便于逐步达成。

3. 人（people） 在知识经济时代，人是企业最重要的资源，也是企业实现可持续发展的核心动力。松下集团创始人松下幸之助认为："企业经营的基础是人，要造物先造人，如果企业缺少人才，企业就没有希望可言。"毫不夸张地说，在竞争激烈的市场环境中，人才决定企业命运。人事决策是最根本的管理，因为人决定了企业的绩效能力，人所产生的成果决定了整个企业的绩效。

企业要用人，就必然要选人，要招聘人。卓有成效的创业者都会建立一套考察和测试程序来筛选人才，旨在打造精英团队。一颗 10 克拉的钻石的价值远高于五颗 2 克拉的钻石，相同的道理，100 分的人才价值远大于 5 个 20 分的人才。

4. 定位（place） 选用人才，能力固然是首要考虑的，但一个人的能力必须与相应的职位相结合，这就是对人才的定位原则。用人不能只看能力大小，更要看其适不适合某一职位。最好能做到人尽其才，既不能大材小用，也不能小材大用。物尽其用、人尽其才是每一个创业者都孜孜以求的，这涉及一个人才及岗位价值的最大化问题，与企业用人标准密切相关。

5. 权限（power） 创业者面临的各项事务纷繁复杂、千头万绪，任何管理者，即使是精力、智力超群的创业者也不可能独揽一切，授权是大势所趋，是明智之举。授权的目的是让被授权者拥有足够的职权能顺利地完成所托付的任务，因此，授权首先要考虑应实现的目标，然后决定为实现这一目标下属需要有多大的处理问题的权限。只有目标明确的授权，才能使下属明确自己所承担的责任，盲目授权必然带来混乱。要做好按预期成果授权的工作，必须先确定目标，编制计划，并且使大家了解它，然后为实现这些目标与计划而设置职位。

三、创业团队的组建

（一）大学生组建创业团队的原则

1. 共同目标原则 在创业团队的组建过程中，应把团队中各个成员拥有共同的创业目标这一原则放在第一位。大学生创业团队是有活力有想法的团队，每个人都有自己的能力及目标，但是抗压能力较差，当面临巨大压力和挑战时，只有大家目标一致，有坚定的信念才能更好地迎接挑战。

2. 优秀互补原则 建立创业团队就是为了避免创业过程中因个人缺乏某一领域的知识而带来困境，因此组建团队时应坚持互补原则，考虑建立掌握多方面知识、多领域覆盖的团队。懂技术就需要寻找懂管理、营销的合作伙伴。除了能力互补之外，团队成员还需要根据性格互补达成更好的合作，针对不同性格的人分派不同的工作内容，团结协作，共同努力。

3. 持续学习、不断发展原则 企业运营是一个动态的过程，创业团队的组建过程不是一成不变的。应保持团队的开放性和动态性，根据团队的需求和不同时期不断调整人员配置，不断吸引更加满足需求的人才加入团队。要想一直保持团队的活力，不是一劳永逸的，需要持续学习，不断发展。

（二）如何组建一个基本的创业团队

组建一个基本的创业团队，不能守株待兔，需要有充分的准备，持之以恒的毅力，从现在开始，充满真诚和活力寻找伙伴。

1. 树立正确的团队理念 团队成员需要拥有正直的品行，长远的目光。正确的理念能帮助团队提高凝聚力。拥有正确理念的团队成员共同承诺价值创造，为每一个成员谋利，而不是如一盘散沙，各为阵营。

2. 确立明确的团队发展目标 目标是一种有效的激励因素，可以帮助创业团队克服困难，拥有取得胜利的动力；其次，它是一种有效的协调因素，目标一致的创业团队成员能互相包容，齐心协力达到最终的胜利与成功。

3. 建立责、权、利统一的团队管理机制

（1）创业团队内部需要妥善处理各种权力和利益关系 一是要妥善处理团队内部的权力关系。谁从事什么关键任务，由谁承担关键责任，谁能调配人员等都要有严格的管理机制。二是要妥善处理创业团队内部的利益关系。完善的员工成长机制，完备的股权、工资、奖金等报酬体系，是企业长久运转的保障。

（2）制定创业团队的管理规则　企业的管理规则大概可以分为三个方面：第一是治理层面的规则，大致分为合伙关系与雇佣关系，包括利益分配机制和争端解决机制，还有人员的进入机制和退出机制，需要约定创业者加入和以后退出的条件和约束，以及员工的入职条件和离职约束等。第二是文化层面的管理规则，主要解决企业的价值认同问题。无规矩不成方圆，企业要管理员工，还要正常运转，需要文化理念的制约，让团队成员明确可为和不可为。第三则是管理层面的规则，主要解决的问题是指挥管理权归谁。包括平等原则、服从原则、等级原则等。

（3）大学生创业团队组建的程序　创业者有创业想法后，可以参考以下程序来组建创业团队。

1）撰写创业计划书　创业计划书能够帮助创业者理清思路，让创业不仅停留于一个想法，而是成为一个可实施的方案。也为后来的寻找合作伙伴奠定基础。

2）分析自身优劣势，组建团队，合理划分职责　可以借助 SWOT 分析法分析优劣势，根据分析选择团队成员，充分考虑每位成员的能力所在，明确每位成员的职责。

3）在制度下运行，加强团队融合　创业团队要想长期发展带来经济效益，就应该在制度的框架下不断融合。创业团队组建后，确定合作方式，建立有序的制度，合理进行职业分配、成员管理、收入分配、团队的发展等。

第四节　创业团队的管理技巧

团队管理是创业成员的成长必经之路，创业团队组建成功后，应做好团队建设，学会管理技巧，鼓励成员相互合作，团结一致向目标前进。这里从大学生角度出发，概括了几个创业团队管理的方法和技巧。

一、建设团队精神世界

大学生创业难以坚持的原因除了经验、销售、推广等不足，还有很大的原因是在残酷的市场竞争下，没有了坚持下去的信心。所以，建设团队精神，树立团队的艰苦卓绝精神和坚持不懈意志是必不可少的。

1. 统一思维方式　企业或者团队一旦有了统一的思维方式，做任何事情都能拧成一股绳，这也是为什么成功的企业都需要企业文化来做思想指引。蒙牛的牛根生曾说："创业其实没有什么，就是凭借自己的力量做成一件事就行。"树立一种企业思维方式，做事事半功倍，成功指日可待。

2. 形成自发的工作态度　团队成员每个人都需要有对事一丝不苟的态度，切忌被动地等待分配工作，不积极主动迎接挑战。

3. 培养艰苦卓绝的精神和坚持不懈的意志　马云曾说过一句经典的话："今天很残酷，明天更残酷，后天很美好，但是大多数人死在明天晚上，看不到后天的太阳！"，创业过程有意想不到的艰难，跟苦难做伴，与艰辛为伍是创业常态，只有坚强的意志才能坚持走到最后。

二、团队创新开发管理方法

1. 精减团队成员，留住精英　创业团队唯有做到人尽其力才能与时俱进，如果团队中有个别好逸恶劳的人，只空想不实干，极易造成不良风气影响整个团队，对于高素质人才，应当给予优待，留住精英。

2. 制定合理的发展目标　创业团队要制定一个发展目标，不能好高骛远，要切合实际，有可执行性，再将目标进行细化分解，让每个团队成员都明白自己的发展方向。

3. 提高团队的开发能力　所谓创业，最重要的即"创造、创新"，这就要求团队成员提高发现问题和解决问题的能力，加强团队的整体决策能力。并且有针对性地进行技能培训，哪里劣势就加强团队哪方面的专业技能。

三、矛盾解决方法

1. 建立良好的沟通机制　团队管理者不能高高在上，不懂得站在成员的角度思考问题。美国著名未来学家奈斯比特指出："未来竞争是管理的竞争，竞争的焦点在于每个社会组织内部成员之间以及外部组织的有效沟通上。"管理是一门艺术，良好的沟通机制有两点需要注意，一是设置正式的沟通渠道，如例会。二是设立非正式沟通渠道，如邮箱、聚餐、团建等。既可以达到情感交流，也可以有效沟通。

2. 随时协调关系提高效率　团队管理要关注个人与团队的关系，使其形成一致的方向相互促进发展。要注意个人价值与团队价值的最大化，如果一味牺牲个人价值，易导致成员主观能动性降低，没有斗志和激情，因此创业到一定阶段时要及时调整团队运行机制，灵活应变。

3. 平衡管理者与团队成员　管理者是管理体系中最重要的角色，管理者和团队成员之间要取得微妙的平衡，成员能够自治、自由，但又遵守共同的制度，拥有共同的目标。好的团队懂得解决问题，不失个性又灵活机动。有了一支优秀团队，通过精神建设，创新管理方法，解决团队内部矛盾，能帮助企业披荆斩棘。

第五节　创业企业的社会责任

"企业社会责任"研究起源于20世纪初的美国，20世纪中后期，世界大战结束后经济飞速发展，一系列环境问题也日趋严重，企业社会责任很快成为学者们研究的热点。企业积极履行社会责任活动是企业可持续发展的"基石"，不仅可以提高企业声誉，提升财务业绩，还能帮助企业建立良好的形象，这些好处是长远的利益获得，远胜于逃避社会责任实现的短期利益。

一、高职院校亟需创业责任教育

在国家"大众创业，万众创新"的号召下，各高校纷纷响应，高职院校的大学生也参与其中，掀起创业热潮。同时，在复杂的社会经济生活中，未来创业道路的行稳致远离不开创业者创业责任意识的提高，这也是创业者必备的创业素质，因此，对高职院校学生创业者的创业责任教育刻不容缓。

1973年，比尔盖茨进入哈佛大学，他沉迷于电脑，经常在实验室整晚写程序。1975的冬天，盖茨从MITS的Altair机器得到了灵感的启示，看到了商机和未来电脑的发展方向，于是他给MITS创办人罗伯茨打电话，说可以为阿尔它（Altair）公司提供一套BASIC编译器。罗伯茨当时说："我每天都收到很多来信和电话，我告诉他们，不论是谁，先写完程序的就可以得到这份工作。"于是盖茨和同学保罗回到哈佛，从一月到三月，整整 8 个星期，他一直待在盖茨的寝室里，没日没夜地编写、调试程序，两个月通宵达旦的心血和智慧产生了世界上第一台微型计算机 – MITSAltair 的 BASIC 编程语言，MITS 对此也非常满意。

盖茨没有完成大学学业，他认为读完大学再创业将会错失良好的创业机会，于是选择辍学创业。与过去相比，当今我国高职院校响应国家鼓励创业的号召，纷纷鼓励高职院校学生创业，从课堂教育到创业孵化基地的建设，从理论到实践培养学生创业的能力和精神，这是高职院校进行创业教育的职责所在，更是学生和时代的迫切需求。

二、创业企业社会责任简介

对创业企业而言，企业社会责任的提出，鼓励更为广泛的创业企业参与，期待创业者更为积极主动，有战略眼光。国内学者梁军从"社会公民"的角度解读创业企业的社会责任，他认为不应以企业规模来衡量企业是否应该承担社会责任，中小创业型企业也应承担相应的社会责任，比如以下几个方面：为职工提供良好的就业环境和就业前景；支持政府决策及遵守法律规定；稳定与供应者的合作关系；遵守债权人合同条款；对消费者及代理商来说主要是保证商品的价值；对自然环境、社会发展做贡献；对残疾人、儿童和妇女等提供平等的就业机会，支持公益等。

三、绿色创业者的价值理念

在绿色发展理念的指导下，绿色创业成为近年来兴起、流行的创业形式。

1. 绿色创业者的概念 绿色创业者是指以传播绿色价值、倡导绿色生活为目标，以经济效益、社会效益与环境效益相统一为驱动，采用清洁生产、绿色营销和绿色管理模式，践行绿色发展理念的创业者。

2. 绿色创业者的价值理念 价值理念一般指企业在发展过程中，始终坚定不移奉行的信念和行为要求。创业者将绿色价值理念融入创业团队，形成创业者的行为风格，融入企业文化理念，转变为企业的使命愿景，使创业团队达到绿色价值的共识，从而实现初创企业的绿色化。成为绿色创业者需要实现"两个转变"：一是价值定位的转变，将重视经济价值的定位到重视生态价值的转变；二是价值导向的转变，从工具理性导向到价值理性导向的转变。以"两个转变"为基础，可以将绿色创业者的价值理念概括为实现"三个和谐发展"。

（1）创业实践与环境保护和谐发展 创业离不开经济利益，但一味以牺牲生态环境作为谋取利润的工具，过于强调经济价值并非长久之计。每一位创业者都肩负社会责任，绿色创业者将创业理念及其践行融入环保要素，强调经济价值、社会价值、环境价值三者的有机统一，主张人和自然的和谐发展。在万众创业的背景下，创业应承担一份社会责任，应该有助于环境问题的解决，顺应生态环境规律，不仅不会有碍经济利益的获得，反而能创造新的利益价值，甚至获得"福利"，如商誉。

（2）科技创新与人文关怀和谐发展 新技术的研发与运用须有利于改善人的生存体验、实现文化诉求。绿色创业的新技术及相关产业致力于改善物质条件，提供生活便利，力求丰富人的精神世界、提高审美情趣。绿色创业者强调尊重他人、尊重自然，认为科技创新应该以对人有价值为先，把环境与人视为目的。

（3）区域管理与全球治理和谐发展 创业需要空间，包含自然空间与社会空间，用于原材料采集、产品生产、办公管理等。绿色创业者必须立足区域、放眼世界，打破空间限制，超越区域、全球关联。创业企业想紧跟时代，格局开阔，需以经济利益和生态利益双重驱动，致力于人与自然的和谐发展，优化资源配置，改善生态环境，能带来区域与全球共享生态的福利，才有利于企业长久发展。一般创业者如以经济利益为驱动，立足特定区域，一味消耗空间资源，为了实现资本增值，可能造成区域资源枯竭和管理失灵的极端后果。不仅企业无法持续性发展，空间资源也终将被过度消耗。

绿色创业是创业企业的一份社会责任，创业者应自觉养成绿色习惯，将绿色的思维方式融入创业过程，将绿色融入生产、营销、管理和生活细节。这种方式可以进一步作为企业文化感染组织成员，帮助企业实现差异化，打动消费者，终将影响市场。

本章小结

创业三要素中最重要的因素即创业团队，一位优秀的创业者除了必备的基本素质以外，还需要一些异于常人的优秀品质。当下"大众创业，万众创新"的大环境，给予大学生创业者丰沃的土壤，使未来具有无限可能。医药行业在新时代势态下的发展空间越来越大，大学生学习创业团队组建的基本方法、技巧，组建自己的创业团队进行创业，能大大提升自身综合能力，增长经验和知识，同时也能实现社会价值，承担起一名医药行业工作者的责任，为社会贡献更大的价值。

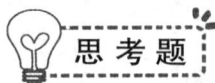

思考题

1. 你认为大学生组建创业团队有哪些困难？
2. 假如你是一名创业者，你将如何组建一支创业团队？如何管理你的团队？

题库

第六章 创业资源与商业模式

学习目标

知识目标

1. 掌握创业融资的概念；创业融资渠道；商业画布；商业模式设计方法。

2. 熟悉创业资源的分类和获取途径；创业资金的预测；商业模式的界定和构建过程。

3. 了解创业融资的重要性、融资困难的原因；商业模式的五种基本类型。

技能目标

1. 能根据不同创业背景选择适用的融资渠道。

2. 能绘制企业的商业模式画布。

3. 能用不同的设计方法构建企业的商业模式。

第一节 创业资源概述

PPT

案例讨论

【案例】蒙牛乳业（集团）股份有限公司成立于1999年8月。20年的时间里，蒙牛集团从一个一无奶源、二无工厂、三无市场的"三无企业"发展成为营业收入达790亿元的全球乳业10强，牛根生和他的创业团队到底做了什么？创业之初面对困境，公司董事会首先确定了"先建市场，后建工厂"的发展战略。1999年蒙牛采用虚拟联合策略，首先与当地政府协商，让他们组建奶站并与之签订供应合同，同时把8个中小型乳品企业变为自己的生产车间，半年时间成为中国乳品企业销售排行榜第119名，2000年建立了自己生产流水线；之后蒙牛与伊利互相促进，共建"中国乳都"的形象概念；借助摩根士丹利、鼎晖、英联三大国际投资公司走向国际化道路。经济界人士说，如果不是"先建市场，后建工厂"蒙牛产品问世至少晚一年；如果不用经济杠杆撬动社会资金，蒙牛的发展速度至少减慢一半；如果不引入国际资本，蒙牛的国际化至少要晚几年。

【讨论】在创业之初，牛根生和他的团队采用了什么策略快速开拓市场？蒙牛乳业的发展过程中如何借力打力并走向国际化道路？

一、创业资源的概念

（一）创业资源的概念

从经济学角度讲，资源指具有经济价值或能够创造新价值的客观存在，企业本质上是"一种资源配置的机制"。

创业资源指企业在创造价值的过程中，为保障企业正常运转、实现企业经营目标所拥有的或能够支配的各种要素及要素的组合。资源基础理论的基本观点认为企业就是一系列资源的集合体，无论是什么样的创业资源，都会对企业产生积极的影响。对创业者来讲，只要对创业项目和企业发展有利的要素，都可以归入创业资源的范畴。创业过程中，如何获得更多的资源以及如何更好地整合、利用资源，是创业者必备的技能。创业者获得创业资源后，对其进行整合、利用来实现创业机会，从而获得创业的成功。

（二）创业资源的重要性

蒂蒙斯创业过程模型中提出，创业成功需要创业机会、创业资源和创业团队三大要素，缺一不可。创业机会是创业过程的核心驱动力，创业团队是创业过程的主导者，创业资源是创业成功的必要保证。因此创业资源是创业企业开展经营活动的必备条件，在创业企业的发展过程中具有至关重要的作用。

二、创业资源的分类

创业资源是企业成立和经营过程中必需的资源，目前对创业资源的分类尚未有统一标准，为帮助学生理解创业资源的来源、构成和资源的获取、整合，本书从三个视角对创业资源进行分类介绍。

（一）按资源性质分类

根据资源的性质，可以分为人力资源、财务资源、物质资源、技术资源和组织资源五种。

1. 人力资源　广义上来说，人力资源指一定时期内，企业拥有和能够支配的人员及他们的知识、技能、经验等能对企业发展带来价值的那部分资源。对企业而言，人力资源包括创业者和创业团队以及他们具备的知识、技能、经验等，也包括创业团队成员拥有的社会资源，如人脉资源、客户资源等。

在创业过程中，从识别创业机会、组建创业团队，到整合创业资源、对企业进行经营管理，都离不开"人"这个主体，因此人力资源是企业最重要的资源。创业者和创业团队的知识、技能、经验、人脉是创业成功的核心资源，也是无法用金钱买到的独特性资源；高素质人才的获取和开发是创业企业可持续发展的关键因素，尤其是高科技新创企业，专业人才更为重要。因此如何引进人才、进行人才队伍建设是人力资源管理中的重要内容。

2. 财务资源　主要指货币资源，即能够满足企业创立所需的投资资金和前期运营所需的资金支持。创业初期，筹集足够的资金是企业成功创办和顺利经营的前提条件。资金通常源于创业者自筹、投资人的风险投资、金融机构贷款等。如何筹集资金并做好资金的分配和使用是财务资源管理的重要内容。

3. 物质资源　指企业创立和企业经营所需要的各种有形的物质要素的总和，如工作场地、办公设施、机器设备、原材料等。任何一家企业从事经营活动都离不开相应的物质资源，物质资源是企业创立时的基础性资源，是企业存在的基本支撑。

4. 技术资源　指企业拥有的产品研发技术、生产工艺、专用生产设备等关键性资源。技术资源是创业企业存在和发展的基石，是维持产品生产活动的根本保障，尤其是高科技企业，技术资源就是它的命脉。企业需要不断开发新技术、新产品并通过法律手段将其转化成企业的无形资源予以保护，如对原研药物申请专利期保护。

5. 组织资源　一般指企业的正式管理系统，包括企业的组织结构、作业流程、工作规范、信息沟通、决策体系、质量系统以及正式或非正式的计划活动等，有时候组织资源也可以表现为个人的技能或能力。组织资源是一种能够区别于竞争对手的无形资源，难以被模仿和复制。大多数经营成功的企业都与其开始创立时独特的组织资源有关，如每个直销公司都有其特殊的组织管理特点。

（二）按资源的存在形态分类

按资源的存在形态分为有形资源和无形资源。

1. 有形资源　指具有物质形态的、可见的、能用货币直接计量的资源，主要包括物质资源和财务资源。

2. 无形资源　指具有非物质形态的、不可见的、很难用货币精确计量的资源，如人力资源、技术资源、组织资源等。

无形资源往往是撬动有形资源的重要手段。

（三）按资源的来源分类

所有的资源按其来源分类，或属于自有资源，或属于外部资源。

1. 自有资源　指创业者或创业团队自身拥有的或可支配的资源，如自己发现的创业机会、自有资金、自有技术或创业团队成员的知识、经验、技能、社会资源等。多数大学生创业案例中，创业者自己发现的创业机会就是其拥有的唯一创业资源。创业企业拥有的自有资源可以帮助企业获得更多的外部资源，甚至在很大程度上会影响获取外部资源的结果。

2. 外部资源　指企业从外部获得的各种资源，如工作场地、办公设施、机器设备、原材料等。对创业企业而言，财务资源的不足往往是创业初期面临的最大问题，因此投资人的风险投资、金融机构贷款是多数创业企业急需的外部资源。外部资源的持续获取是实现企业成长的重要支撑。

三、创业资源的获取

创业资源的获取是在确认并识别资源的基础上，通过一定的方式或途径获得企业需要的资源。创业资源的获取主要有两大途径：利用自有资源和开发外部资源。

1. 利用自有资源　创业是一个突破资源限制、创造价值的过程，有效利用自有资源并通过自有资源撬动外部资源是资源获取的重要途径：主要方式有步步为营法、拼凑法和发挥杠杆作用。

（1）步步为营法　步步为营是美国学者杰弗里·康沃尔提出的概念，指在有限资源的约束下，分多个阶段投入资源并在每个阶段投入最少的资源，用最经济的方法投入并获取最大的满意度。它的主要策略是成本最小化，具体指最低限度的使用资源，最低限度的获取外部资源，最大限度地获取收益。创业者采用步步为营的方式很多，如大学生创业者入住创业园、企业招聘实习生等。

（2）拼凑法　拼凑是法国人类学家列维·斯特劳斯在《野性思维》一书中提出的，指创业者在资源的束缚下，向自有资源中加入新元素，进行重新整合，创造出新资源的过程。资源拼凑需要创业者打破固有思维，创造资源的独特价值。如利用垃圾完成杝果授粉就是资源拼凑的经典案例，因为杝果开花有异味，每到开花季节这个味道导致蜜蜂"拒绝"前来授粉，果农曾尝试多种方法，都未能解决这个问题。科学院的专家建议果农收集渔业垃圾洒在树下，吸引苍蝇，苍蝇虽然不能授粉，但它们腿上的绒毛沾满花粉，利用它们在果园中飞来飞去完成授粉过程。

（3）发挥杠杆作用　杠杆作用指以尽可能少的付出获取尽可能多的收获。利用自有资源借力打力，用他人的资源完成自己的创业目标，包括但不限于以下方式：用自有资源换取自己需要的他人资源，如企业招聘高精尖人才时会为其配偶提供就业机会；创造性的利用别人认为无用的资源，如利用花店剩下的鲜花制作干花花瓣，进行再销售；比别人更长时间地占用资源等等。

2. 开发外部资源　创业不仅仅是在有资源的情况下去创业，也是在没有资源的情况下寻找更多创业成功的可能性。因此创业企业除了要利用自有资源外，还要善于利用外部资源。

外部资源的开发实际就是一个资源整合的过程，识别并分析资源拥有者的利益诉求，通过合理的分配机制满足其需求，并由此建立长期的合作共赢关系。

（1）识别并分析资源拥有者诉求　是整合外部资源的前提条件。企业的各参与主体都有自己的利益取向，这是客观事实，尽可能多的寻找并逐一分析资源拥有者的利益取向，确认共同利益并满足他们的利益诉求。

（2）设计合理的利益分配机制　是吸引外部资源拥有者的有力保障。在双方共同利益的基础上，建立合理的利益机制，约束各方，维持一种均衡状态。

（3）建立长期合作关系　在利益分配机制的带动下，与外部资源拥有者建立合作关系后，通过常规的沟通方式让他们更加了解公司、增强企业信任度等，建立更稳定的长期合作关系。

第二节　创业融资

💬 案例讨论

【案例】1998年，刘强东在北京中关村创办京东公司，早期代理销售光磁产品，两年内成为国内有影响力的光磁产品代理商；

2004年，京东进入电子商务领域，创办京东商城的前身"京东多媒体网"；

2007年，京东认识到只靠自有资金不能支撑公司的发展，同年今日资本对京东分两次注资1000万美元；

2008年，京东的快速成长导致资金周转不足，同时由于金融危机等原因导致新一轮融资遇到困难；

PPT

2009 年，京东获得今日资本、雄牛资本和亚洲著名投资银行家梁伯韬的投资，融资金额 2100 万美元，是金融危机以来中国电子商务企业获得的第一笔融资；

2011 年，京东获得俄罗斯 DST、老虎基金、红杉资本等 6 家基金和社会知名人士的个人融资，融资金额 15 亿美元；

2012 年，京东获得加拿大安大略教师退休基金、老虎基金投资，完成第六轮融资，融资金额 3 亿美元；

2013 年，京东获得加拿大安大略教师退休基金、沙特王子控股的王国控股集团及公司主要股东投资，完成新一轮融资，融资金额 7 亿美元；

2014 年，京东向美国证券交易委员会（SEC）呈报了拟上市登记表格；

2015 年 5 月 22 日上午 9 点，京东集团在美国纳斯达克挂牌上市。

【讨论】京东创业的全过程中，分别用了哪些筹集资金的方式？分析投资公司和个人投资者向京东注资的原因是什么？

一、创业融资概述

企业要生存和发展就要拥有一定数量的资金，企业在资金不足时，为了自身发展与经营的需要，就要进行融资。

（一）创业融资的概念

广义上讲，融资也叫金融，指货币资金的融通，是资金从资金剩余流向资金短缺的过程，包括资金的融入和融出。狭义的融资仅指资金的融入，是企业因为经营的需要，通过各种渠道筹集资金的行为。

创业融资指企业根据自身发展的需要，结合经营状况、资金拥有状况，进行科学的预算，通过一定的渠道和方式筹集资金，确保企业能够创立并持续经营的一种行为。

（二）创业融资的重要性

资金是企业经营的起点，是企业经济活动的第一推动力和持续推动力，也是多数大学生自主创业时面临的第一个难关，因此创业者应该首先认识到创业融资的重要性，为企业的创立做好基础准备。

1. 创业融资是企业生存发展的基础 如果把企业比喻成一辆汽车，那资金就是能让这辆车发动并行驶的汽油，因此资金是新创企业生存发展的基础，而创业融资是保障企业资金充足的一种方式。

2. 创业融资能够降低创业风险 所有的融资都有成本，因此在进行融资时，创业者必须会科学、合理的选择融资渠道和融资方式。这将有利于降低资金投入，将企业的财务风险控制在一定范围内。

3. 创业融资有利于企业获得更多助力 融资过程中，不仅能获得融资资金，还可能获取帮助企业成长的其他助力。例如天使投资人多为行业精英或曾经的创业者，他们既有挑选项目的眼光，还有培植项目的能力。在给新创企业投入资金的同时，还能对项目提出各方面的建议，对公司提出管理意见，为公司提供市场资源等。

（三）创业融资困难的原因

由于创业企业多数处于创业初期，与成熟的企业相比，融资更加困难。

1. 创业企业的不确定性　创业风险无处不在，尤其创业之初，企业提供的产品或服务是否具备市场潜力、公司的营销策略是否具备竞争力等，都使创业企业面临很大的不确定性。因此，创业者在自身面临财务风险时，想要获得投资者进行资金投入，并非易事。

2. 市场信息的不对称性　在资本市场交易中心，信息不对称意味着其中一方处于不利的环境。一般情况下，创业者对创业项目、自身能力、市场前景更加了解，处于信息优势地位，而投资者相对处于信息劣势地位。所以在进行创业融资时，创业企业和投资者的信息不对称加大了融资的难度。

二、创业融资渠道

融资渠道指获取资金的途径，体现了资金的来源。

按照资金的来源，融资渠道可分为企业内源性融资和企业外源性融资。内源性融资指从企业内部开辟资金来源，是企业自身拥有的资金，风险较小且多与企业利润有关；外源性融资指企业从外部开辟资金来源，具有速度快、弹性大、资金量大等优点，缺点是企业需要负担高额成本。对于创业企业尤其大学生创业，企业成立前的融资渠道通常来自外源性融资。

按照筹资时投资者在企业享有的权益不同可将融资渠道分为股权融资和债权融资两种。

（一）股权融资

股权融资是指企业通过出让部分企业所有权，引入新股东注入资金获得的融资，包括自筹资金、吸引投资、发行股票等。其中，自己出资是股权融资的初级阶段，发行股票是最高阶段。通过股权融资获得的资金，无需支付利息，不过公司股东构成和股权结构会发生变化，需要按照企业的经营状况支付股东们红利。

目前常见的股权融资方式包括创业者自筹、风险投资、天使投资和私募股权融资。

1. 创业者自筹　创业者自筹资金多来自个人储蓄和亲友投资。创业者和创业团队成员投入个人储蓄是创业融资最根本的渠道，不仅源于对创业项目的认可，同时也是创业团队成员日后向企业投入时间和精力的一种保障。就我国的现状而言，家庭作为市场经济的三大主体之一，在创业中起到重要的支持作用。创业团队自筹资金不足时，往往在以家庭为中心形成的社会关系网络中寻求资金的支持，因此亲友投资也属于创业者自筹资金的范围。

2. 风险投资　也叫创业资本融资，指投资者或投资机构对拟创立的企业进行投资，承担高风险的同时又期望得到高回报的商业行为。

风险投资本质上就是投资者向创业项目或创业企业提供资本支持，并通过资本、经营等一系列的服务，帮助企业完成创业后，退出的同时获得高额回报。风险投资一般都在企业创立初期开始投资，因此投资者要求创业者具备完整的、可实施的创业计划书，能够预见可获得的利润。

风险投资人投入资金的同时会获得企业一定的管理权，同时根据企业的发展情况逐步增加投入。风险投资主要有以下几个特点：①风险投资对象多为处于初创期的中小型企业，尤其是高科技创业企业，这类企业在各方面的资源都比较匮乏，创业风险较高；②风险投资金额较大，多为长期投资，一般至少3~5年，常占被投资企业股权的15%~20%；③风险投资人一般积极参与企业管理，在企业增值后，往往会通过上市、收购兼并或其他股权转让方式撤出资本，实现投资的超额回报。

3. 天使投资　指自由投资者或非正式风险投资机构对处于构思阶段的创业项目或小型创业企业进行的一次性前期投资的商业行为。天使融资的投资人或投资机构被称为天使投资人，例如曾经的创业者、传统意义上的富豪、大型企业的高级管理者等，他们通过对创业项目或新创企业进行考察，选择具有发展前景的项目或企业进行注资。

天使投资虽然是风险投资的一种形式，但两者差异较大：天使投资是一种非组织化的投资形式，资金多来自民间，而非专业的投资者或投资机构；天使投资门槛较低，哪怕一个创业构思，只要有发展潜力，都会获得资金支持，而风险投资对此类项目并不感兴趣。

天使融资对大学生创业而言，不但可以筹集到资金，还可以得到天使投资人专业的帮助和指导，是一种比较好的融资方式，主要有以下几个特点。

1）天使投资金额较小，对企业风险审查并不严格，多基于天使投资人的个人主观判断，较为灵活。

2）天使投资人多有丰富的企业管理经验、对市场有敏锐的洞察力，创业获得资金的同时，还能获得对企业管理、经营带来的附加价值，包括天使投资人自身带来的社会资源，如商业信誉、人脉资源等。

3）天使投资只有一轮，没有后续性。一个企业从初创期到稳定期，一般需要三轮投资。若创业启动资金来自于天使投资，第二轮往往会有风险投资机构进入，为产品市场化注入资金。随着企业发展规模的再扩大，最后一轮多是上市前的融资，来自于大型风险投资机构或私募股权。

4. 私募股权融资　指通过私募形式对非上市企业进行投资，后期通过上市、并购或管理层回购等方式出售所持股份进行获利的一种商业行为。私募股权可以在企业初创期、成长期、成熟期等任何阶段进行，但投资者更青睐于对能够产生稳定现金流的成熟企业进行投资。

（二）债权融资

债权融资指企业以一定的条件，通过向资金供给者借钱的方式进行的融资。债权融资的企业要承担资金利息，并在借款到期后向债权人偿还本金。债权融资主要用于解决企业运营资金短缺的问题。

目前常见的债权融资方式有亲友借款、银行贷款、P2P 贷款、政府资金融资等。

1. 亲友借款　新创企业早期具有不确定性，且所需资金金额较小，因此除了创业者自筹资金外，向有信任基础的亲戚朋友借钱是较为常见的资金来源，一般参考银行利率偿还借款利息。大学生创业常采用这种融资方式。

2. 银行贷款

（1）大学生创业贷款　为推进大众创业万众创新，我国各级政府出台了很多优惠政策支持大学生创业，大学生创业贷款就是其中一项。它是银行对自主创业的高校学生发放的无抵押、无担保的大学生信用贷款，贷款期限一般为 1 年，最长不超过 3 年，贷款利率按照中国人民银行规定的同档利率下浮 20%，某些地方政府还会根据创业项目的类别进行贴息。

国家对大学生创业贷款只是给了基本要求，各地政府为扶持当地大学生创业，出台的政策会有所差异，建议创业的大学生携带毕业证、创业计划书等材料到当地政府部门进行咨询。

（2）银行信用贷款　信用贷款指借款人无须向银行提供抵押物或担保，银行仅凭对借款人资信的信任进行发放的贷款。信用贷款没有抵押，手续便捷，借款人的门槛比较低。银行对于信用贷款的信用审核较为严格，贷款额度相对较低，一般在 10 万元以内，适合大学生创业者短期内的小额贷款。

（3）银行担保贷款　担保贷款指借款人无须向银行提供抵押物，仅以担保人的信用为担保即可申请发放的贷款。在民间担保人通常是亲人、朋友等熟人关系。随着社会的发展，我国中小企业信用担保体系在逐渐建立和完善，目前各地均有专业的信用担保机构，创业企业可向依法设立的担保机构申请担保贷款。

（4）银行抵押贷款　抵押贷款指按照《中华人民共和国担保法》规定的抵押方式，以借款人或第三人的财产作为抵押物发放的贷款。办理抵押贷款时，需要提供抵押物的相关产权证明，抵押金额一般不超过抵押物评估价格的 70%，同时个人贷款的最高额度为 30 万元。

（5）银行质押贷款　质押贷款指以借款人或第三人的动产或权利（如未到期的存单、国债、国库券、人寿保险单等）作为质押物发放的贷款，贷款金额一般为证券面值的 80% ~ 90%。与抵押贷款相比，质押贷款转移了借款人或第三人提供的财产占有权。

（6）银行贴现贷款　贴现贷款指借款人以未到期的票据向银行申请贴现获得的贷款。贴现贷款流动性高、自偿性强、用途明确、信用关系简单，企业在急需资金时常使用该贷款方式。与银行质押贷款相比，贴现贷款本质上由银行购买借款人的未到期票据，而质押贷款则是转移了财产占有权。

3. P2P 贷款　是将小额度的资金聚集起来，借贷给有资金需求者的一种商业行为。随着互联网的发展，P2P 小额借贷由线下转为线上、线下并行，并有了 P2P 网络借贷平台。在各类银行贷款中，除了大学生创业贷款，其他贷款对无固定资产、无资金、无人脉的大学生而言有一定难度，因此 P2P 贷款成为大学生创业融资的一种方式。虽然 P2P 贷款门槛较低，但是贷款额度较小，且贷款利率较高，会增加企业的财务风险，创业者需谨慎选择。

4. 政府资金融资　政府支持资金的种类主要包括再就业小额担保贷款、科技型中小企业技术创新资金、中小企业国际市场开拓资金等，资金支持的主要方式有税收政策、财政贴补、贷款援助、风险投资等，资金金额一般为企业外来资金的 10% 左右。

其中，科技型中小企业技术创新基金是国务院批准设立的专项基金，用于扶持和引导科技型中小企业的技术创新活动。此外，科技部的 863 计划、火炬计划每年也会有一定额度的资金用于科技型中小企业的研发、技术创新和成果转化。

对于想创业的大学生来讲，应结合自身创业项目，在国家扶持政策的支持下，尽量降低融资成本。

三、创业资金的预测

创业融资并非金额越大越好，任何融资都是有成本的；金额也并非越小越好，资金不足就难以维持企业的正常运转。因此，科学预测创业所需要的资金，不仅有利于确定融资金额，还能有效降低资金成本。

（一）创业资金分类

企业在不同的成长阶段，对资金的需求也不同。预测创业资金之前，需要先了解创业资金的分类。按照资金投入企业时间的长短将创业资金分为投资资金和运营资金。

1. 投资资金　是企业成立前所需要的资金，指企业发生在筹办期的各种支出所需要的资金。

例如购置办公场地、办公用品、机器设备、原材料等物质资源所需的资金，购买专利、版权等无形资源所需的非流动资金和筹办期的各项人员费用支出等所需的流动资金。

2. 运营资金　是企业成立后所需要的资金，指企业从运营之日起到收支平衡期间所发生的各项支出所需要的资金，是企业成立后需要继续追加投入的资金。企业从开始经营到能够做到收支平衡的这个时间段叫作运营前期。运营前期的资金主要是流动资金，包括流动资产的资金，也包括日常费用的开支。

（二）创业资金的预算

1. 投资资金的预算　企业按照企业创立所需的各种有形资源、无形资源进行分类列表，逐一估算每项所需的数量和价格，汇总后的总额就是启动创业所需的投资资金，如表6-1所示。

表6-1　投资资金预算表

序号	项目	单价（元）	数量	金额（元）
1	企业用地、建筑			
2	生产设备			
3	原材料			
4	办公家具			
5	办公用品			
6	房屋租金			
7	员工薪资			
8	员工培训			
9	员工差旅			
10	市场推广			
11	其他费用			
	……			
资金合计				

2. 运营资金的预算　由于创业之初企业经营的不确定性，对运营资金的预算需要按公司发展规划进行，建议逐月分析生产经营过程中的各项支出，同时考虑经营过程中的资金流入。每月资金支出高于资金流入的那部分金额就是需要追加的运营资金的金额，如表6-2所示。

表6-2　运营资金预算表（　年　月）

序号	项目	单价（元）	数量	金额（元）
支出项				
1	广告费			
2	促销费			
3	员工薪资			
4	差旅费			
5	通讯费			
6	其他支出			
	……			
支出合计				

续表

序号	项目	单价（元）	数量	金额（元）
收入项				
1	产品收益			
2	服务收益			
3	市场推广			
4	其他费用			
	......			
收入合计				
需追加投资金额				

▶ **知识拓展**

创业者需了解的融资知识

很多创业者认为看到商机，打打电话，找找熟人，写个创业计划书就能够获得贷款或他人投资，而现实生活中完成创业融资并不容易。融资不是单纯地找投资者或者争取贷款，它是对创业项目的再一次评估。首先创业者要真正理解融资知识，了解各种融资方式的优缺点，在对创业项目评估的基础上，结合企业在初创期、成长期等不同的阶段选择适用的融资渠道。一般初创期多采用自筹资金、天使投资、风险投资，尤其是参与各类大学生创新创业大赛的创业项目，往往更容易获得天使投资、政府资金的青睐；在成长期，企业具备了一定的盈利条件，更容易获得银行贷款和风险投资机构的投资。

PPT

第三节　商业模式的界定与类型

💬 **案例讨论**

【案例】亚信科技控股有限公司是书写中国高科技企业崛起的传奇经典。亚信成立于1993年，1995年承建了中国第一个商业化Internet骨干网ChinaNet，随后承建了上千个大型网络工程和软件系统项目，被称为"中国互联网建筑师"。1997年10月，硅谷著名的风险投资顾问罗伯森·斯蒂文问亚信总裁田溯宁："亚信的商业模式是什么？"田溯宁反问："什么是商业模式？"罗伯森很奇怪田溯宁作为CEO竟然不知道什么是商业模式，回答说："一块钱通过你的公司绕了一圈，变成一块一，商业模式指这一毛钱是在什么地方增加的。"田溯宁当时说："这些我不关心。我们公司每天都在挣钱，每月都挣钱，每年都挣钱。"私下，他却开始不停地的向风险投资商们学习，在看到硬件网络大发展已迈过巅峰期后，于1998年开始大力发展软件业务，进行公司转型，目前亚信已经成为我国领先的电信软件和信息服务提供商。

【讨论】什么是商业模式？1997年亚信科技有自己的商业模式吗？1998年亚信科技为什么要转型？

医药大学堂
WWW.YIYAODXT.COM

一、商业模式的界定

随着信息经济的蓬勃发展，大数据、云技术等新技术不断诞生，越来越多的企业将传统交易方式与新技术、新渠道、客户新需求等结合形成新的交易方式，试图以新的商业模式提供差异化的产品或服务，为客户创造更多价值。例如苹果、戴尔、亚马逊等企业都通过商业模式的创新得到了快速发展。在这些成功企业的示范下，商业模式被视为推动企业发展的强势助力，也是企业长远发展的有效保障。

（一）商业模式的概念

商业模式一词最早出现在 1957 年，1960 年首次作为研究主题出现在学术论文中，直到 20 世纪 90 年代开始被广泛使用和传播。虽然近年来国内外学术界和企业界涌起对商业模式研究的热潮，但目前尚未形成统一的定义。学术界不同领域的学者由于描述的侧重点不同，无法达成一致共识；企业界在考虑商业模式问题时，往往只是模糊地知道商业模式的范畴，却不能准确把握和应用商业模式来指导企业实践。

从商业模式的本质方面来看，目前比较有影响力的观点有四个：一逻辑说，即商业模式是企业进行价值创造的整体逻辑；二故事说，即商业模式就是写一个关于制造与销售活动的新故事；三机器说，即商业模式是一种把能量化为任务执行的机械装置，如汽车；四关系说，即商业模式是跨企业边界的关系组合模板。

简单来说，商业模式是企业通过什么样的方式来赚钱，如快递公司通过送快递赚钱、网络公司通过点击率赚钱、药店通过销售药品赚钱、医院通过提供医学服务赚钱。为便于学生理解，我们从管理学角度对商业模式进行界定：商业模式指通过整合企业拥有的和可支配的各种资源，进行战略规划和实施，提供满足消费者需要的产品或服务的同时企业获得最大化利润的全过程。

（二）商业模式的本质

不同行业有不同的商业模式，同一行业也有不同的商业模式；不同类型企业有不同的商业模式，同一类型企业也可能有不同的商业模式；同一行业同一类型的企业也可能有不同的商业模式，甚至一个企业在不同时期都有着不同的商业模式。

商业模式看似复杂多变，其实描述的就是一个基本原理，其本质就是企业创造价值的一个逻辑系统，这里的价值体现在消费群体、合作伙伴、企业本身等不同的群体。这里的逻辑系统分为三个层面，依次为发现价值、传递价值和获取价值。

1. 发现价值 指企业提供的产品或服务能为特定群体带来的价值，这也是商业模式的核心。以樊登读书会为例，在信息大爆炸、知识获取方式多元化的当下，樊登读书会以樊登个人的阅历、理解力、讲述能力为核心竞争力，以"挑好书、讲好书"为准则，让有提升自我学识需求的消费群体愿意为樊登读书会提供的知识和内容付费。

2. 传递价值 指企业通过各种渠道让目标群体清楚产品或服务带来的价值。樊登读书会通过构建线下社群、自建 app、各种多媒体的广告植入等，向大众传播知识改善自我的概念。

3. 获取价值 指企业尽可能地从为客户提供的价值中获得最大回报。樊登读书通过对图书、音频、视频等产品付费购买＋线下城市代理的商业模式实现价值的获取。

微课

二、商业模式的特征

商业模式的成功与否是决定企业成败的重要因素，也是企业能否长远发展的最有效保障。由于宏观环境和微观环境的差异，没有某个单一的商业模式能够保证所有企业全部盈利。因此为了便于分析、设计和构建商业模式，本书归纳总结出成功的商业模式需要具备的三大特征。

1. 商业模式具有全面性　商业模式是企业对整体战略规划和实施的总结。战略规划层面，管理者需要关注企业整体发展目标和发展方案；经营实施方面，需要通过一系列的管理措施引导基层员工落实每个环节。如果商业模式只是某一点具备优越性，所需的支撑条件缺失的话，该商业模式是无法实现的。因此，商业模式的全面性对企业整体发展具备更强的指导意义。

2. 商业模式能够提供独特的价值　成功的商业模式能够提供独特的价值，即通过确定企业自己的独特性，来保证市场占有率。一般情况下独特的价值多是产品或服务的组合，它能够给客户提供附加值、以低价格获得同等利益或以同等价格获得更多利益。商业模式的独特性来源于企业拥有的特定资源及在此基础上构建的企业发展战略，比如分销渠道、营销策略等。

3. 商业模式难以被模仿　成功的商业模式是难以被轻易模仿的，易于被模仿的商业模式，即使具备全面性、独特性，也难以保障企业的长期经营和发展。难以被模仿，通常是企业通过建立自己的独特性，提高行业壁垒或者抢占市场先机，使后进入者的获利降低，降低竞争对手模仿的兴趣。如戴尔公司，大家都知道它用的是直销模式，但无人能够复制，因为它背后是一整套完整的、难以复制的资源和生产流程。

三、商业模式的类型

亚历山大·奥斯特瓦德、伊夫·皮尼厄在《商业模式新生代》一书中，对商业模式进行分类，总结出五种基本的商业模式，即非绑定式商业模式、长尾商业模式、多边平台商业模式、免费式商业模式和开放式商业模式。

（一）非绑定式商业模式

非绑定式商业模式指企业的业务可以分拆，且每种业务都可聚焦的一种传统的整合型商业模式。它把业务拆分为基础设施型、产品创新型和客户关系型三种基本业务类型。这三种业务类型分别有不同的经济驱动因素、竞争驱动因素、文化驱动因素，详见表6-3。这三种业务类型理论上是独立的实体，实际上有可能同时存在于一个企业之中，以移动电信行业为例，它同时承担了电信设备制造商、通信产品和服务内容的提供商、电信运营商三种业务类型。

表6-3　非绑定式商业模式业务类型

	基础设施型	产品创新型	客户管理型
经济驱动因素	基础设施的高成本决定企业必须通过大规模生产来降低单位成本；规模是关键	要快速进入市场来保证溢价价格并取得市场份额；速度是关键	为获取和维护客户所需投入的高成本决定企业必须获取大规模的客户份额；范围经济是关键
竞争驱动因素	针对规模竞争，要求快速巩固市场，采用寡头竞争占领市场	针对人才竞争，进入门槛低，许多小公司会迅速发展	针对范围竞争，要求快速巩固市场，寡头竞争占领市场
文化驱动因素	关注成本，统一标准	创新至上，员工为中心	客户至上，服务至上

（二）长尾商业模式

长尾商业模式是指致力于销售那些不受重视的销量小但种类众多的产品，通过总量大的优势获得总收益的一种商业模式，如亚马逊、淘宝都采用了长尾商业模式。

使用长尾商业模式的企业需要具备以下三种特征：①企业依托于网络技术，且产品或服务存储、传播成本等通过网络技术能够大大降低；②市场要建立在庞大的目标群体的个性化需求基础上；③目标群体个性化的需求定制和不断创新要占据业务的主导地位。

（三）多边平台商业模式

多边平台商业模式是指将两个或更多有明显区别却又相互依赖的目标群体集合在一起，通过促进各方群体间的互动来创造价值的一种商业模式。这种模式需要客户群体同时存在于平台上，通过提供不同的产品或服务价值吸引相应的客户细分群体，客户越多，创造的价值就越大。

采用多边平台商业模式的企业需要做好三个关键业务：平台管理、平台推广和提供服务。首先吸引各种客户群体，然后成为客户细分群体的媒体，最后在平台上通过渠道化交易降低成本，获得盈利。如谷歌提供免费搜索和谷歌地图的服务吸引客户，提高对广告商的吸引力，然后通过广告盈利，也是大家常说的"靠流量挣钱"。

（四）免费式商业模式

免费式商业模式是指针对不同的客户群体提供产品或服务，其中至少一类庞大的客户群体可以享受持续的免费服务，向其他客户群体收费获取收益的一种商业模式。它采用的是一种诱钩模式，指通过廉价的、有吸引力甚至免费的初始产品或服务，促进相关产品或服务在未来进行重复性购买，如移动通信行业的缴话费免费送手机、0元购体验课程、免费赠送血糖仪促使重复购买血糖试纸等。

（五）开放式商业模式

开放式商业模式是指通过与外部伙伴系统性的合作来创造价值的一种商业模式。可以由外到内，将外部资源、创意引入公司内部；也可以由内到外，将企业内部闲置资源提供给外部伙伴。经典案例是宝洁的"连接和发展"战略，宝洁在2000年通过外部伙伴关系促成内部的研发工作，降低了公司的研发成本，同时完成了新产品的研发任务。

▶ 知识拓展

国外移动医疗的商业模式

1. 向药企收费　Epocrates是全球第一家上市的移动医疗公司，为医生提供手机上的临床信息参考，主打产品为药品和临床治疗数据库。

2. 向医生收费　Zocdoc成立于2017年，根据地理位置、保险状态及医生为患者推荐医生，并可进行网上预约。

3. 向保险公司收费　WellDoc专注于慢病管理，主打产品是手机＋云端的糖尿病管理平台，保险公司对投保的糖尿病患者提供报销服务。

4. 向消费者收费　Zeo主要面向消费者销售可佩戴的硬件，监测心率、饮食、运动、睡眠等生理参数，并提供个性化健康指导。

PPT

微课

第四节 商业模式设计与构建

【案例】樊登读书是上海黄豆科技网络技术有限公司注册的品牌，由央视节目主持人、MBA 资深讲师樊登博士于 2013 年正式成立。它的企业愿景是"读书点亮生活"，企业使命是"帮助 3 亿国人养成阅读习惯"，围绕事业、家庭、心灵三个核心方向，解读优质书籍。樊登读书主张通过全新的学习体验，采用不同方式帮助客户解决学习困难；利用线上线下多种渠道向不同目标细分群体提供图文、音频、视频等形式的产品。目前，樊登读书已经做到了年收入近亿元的规模。

【讨论】在知识和内容付费行业高速发展、行业增量放缓的背景下，樊登读书是如何做到年入过亿的？它的商业模式是怎样的？

一、商业模式画布

商业模式画布是由奥斯特瓦德在《商业模式新生代》中提出的一个商业模式框架，是对商业模式进行描述、分析、设计和创新的工具，包括客户细分、价值主张、渠道通路、客户关系、收入来源、核心资源、关键业务、重要合作和成本结构九大模块，如图 6-1 所示。

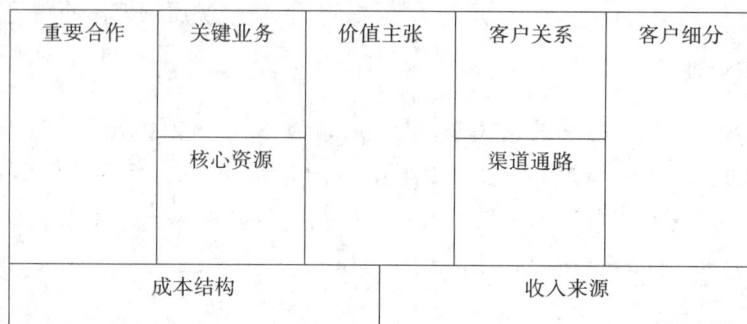

重要合作	关键业务	价值主张	客户关系	客户细分
	核心资源		渠道通路	
成本结构			收入来源	

图 6-1 商业模式画布九大模块

1. 客户细分 客户细分描述的是企业想要获得的不同目标群体或组织。目标群体指企业定位的购买公司产品或服务的消费者，这些群体具有某些共性，从而使企业能够针对这些共性创造价值。定义目标群体的过程也被称为市场细分。在客户细分模块要解决"企业为谁创造价值""谁是企业的重要客户"这两个问题。

2. 价值主张 价值主张描述的是企业的产品或服务能够给特定的客户细分群体提供什么价值。价值主张模块就是满足不同客户的需求，确认企业产品或服务对客户的实际意义，可以从以下几个问题进行分析："我们要满足哪类客户的需要"，即选择客户细分市场；"该类客户需求的痛点是什么"，即该类客户遇到了什么困难；"企业如何帮助该类客户解决难题"，即企业提供什么样的产品或服务；"企业向该类客户传递什么样的价值"，即企业的价值主张。

每个客户细分群体的需求不同，对产品或服务的价值诉求也不同。其实客户并不关注产品或服务是什么，他们关注的是企业的产品或服务能够解决什么样的痛点，给他们提供什么价值，可提供的价值包括但不限于价格、设计、品牌、身份、风险、便利性等。

3. 渠道通路 渠道通路描述的是企业如何与客户进行沟通并建立联系，即企业通过什么途径将一种价值主张传递给特定的客户细分群体。渠道通路模块涉及企业的市场和分销策略，解决"通过哪些渠道能够接触到客户细分群体""哪些渠道最有效""哪些渠道成本效益高""如何整合渠道"这些问题。

价值主张需要通过渠道通路的五个阶段来实现，渠道通路的阶段分别是：一认知阶段，该阶段重在如何在客户中扩大产品或服务的知名度，提高客户对产品或服务的认知；二评估阶段，该阶段重在如何帮助客户评价企业的价值主张；三购买阶段，该阶段重在促进客户购买相应的产品或服务；四传递阶段，该阶段重在如何把产品或服务传递给客户；五售后阶段，该阶段重在如何为客户提供售后服务，提高客户体验。

4. 客户关系 客户关系描述的是企业与特定客户细分群体建立的关系类型。如何解读客户关系，可以从以下几个问题进行思考："每类客户群体希望跟企业建立什么样的关系""我们已经跟客户建立了哪些关系""建立这些关系的成本如何""如何将建立客户关系的方式融入商业模式"等。

5. 收入来源 收入来源描述的是企业从每类客户细分群体中获取的现金收益，即扣除成本后的利润。收入模块需要回答以下四个问题："客户愿意为什么样的价值付费？""目前客户付费买的是什么？""客户如何支付费用以及更愿意如何支付费用？""每类客户带来的收益占总收入的比例"。

收入来源可以总结为七个方面：①资产销售，主要指销售实物产品的所有权，如苏宁销售家电给消费者用于日常生活、汽车4S店销售汽车给消费者用于驾驶或转卖；②使用费，主要指通过对使用某一特定服务进行的收费，如使用游乐场的游乐设施；③会员费，主要指通过向客户销售某项服务持续使用的权限来实现，如爱奇艺视频的年卡、瑜伽工作室销售的年卡等；④租赁费，其收入来源来自于某一特定资产在固定时间内出租使用权，如工程设备的租赁、租车公司提供的租车服务等；⑤授权收费，主要指将受法律保护的知识产权授权并获取授权费，如专利持有者将专利使用权转卖给某企业；⑥佣金，指以提供中介服务获得服务费，如房屋中介、艺人的经纪人等；⑦广告费，指为某产品、服务或品牌提供广告宣传获取的费用，以多媒体和会展行业为主。

6. 核心资源 也被称为关键资源，描述的是保证企业商业模式能够顺利运行所需要的重要资源。核心资源模块需要清楚"传递的价值主张需要什么样的核心资源""渠道通路需要什么样的核心资源"。

7. 关键业务 描述的是为保障商业模式能够顺利运行企业必须要做的事情。关键业务模块要清楚"实现价值主张需要什么样的关键业务""渠道通路需要什么样的关键业务"。例如制造业的核心业务是产品的设计和制造；咨询公司的关键业务是帮助客户解决问题、提供解决方案；以平台为核心资源的拼多多，关键业务就是平台的管理、服务和推广。

8. 重要合作 描述的是为保证商业模式顺利运营所需要的上游供应商和其他合作伙伴，企业需要通过建立联盟来优化自身的商业模式，降低创业风险或获得更多的创业资源。重要合作模块要解决"我的重要供应商是谁""我的重要伙伴是谁""合作伙伴能提供哪些核心资源"等问题。

9. 成本结构 描述的是一个商业模式顺利运营所产生的重要成本的组成。创造价值、传递价值、维护客户关系等都需要成本，在确定了核心资源、关键业务和重要合作后，成本的核算相对容易。成本结构模块要解决"商业模式中重要的固定成本是多少""核心资源的主要花费是多少"

"关键业务的主要花费是多少"等问题。

以上九个模块构成了商业模式的九大要素，其中客户细分、客户关系、渠道通路、价值主张形成客户价值收入模块，用于创造收入；重要合作、关键业务、核心资源、价值主张因使用企业的资源而产生成本，组成成本结构；收入和成本最终构成了企业的盈利模式。

综上所述，商业模式画布是设计企业商业模式的便捷工具，这9个模块环环相扣、互相影响。企业需要对每个模块的具体内容进行设计并做出整体的整合，来绘制自己的商业模式画布。我们以水滴筹为例，水滴筹是目前国内免费大病筹款平台，也是网络大病筹款0手续费的开创者，通过商业模式画布可以更全面的了解水滴筹的商业模式，详见图6-2所示。

重要合作 红十字 保险公司 腾讯 美团 真格基金 IDG 资本 点亮基金 …	关键业务 "水滴互助""水滴筹""水滴保""水滴公益"四大业务，实现发起筹款、互助、引导保险销售全过程	价值主张 为缺钱治大病的患者家庭提供免费筹款平台	客户关系 熟人传播 平台推广	客户细分 缺少医药治疗费用的个人病患 保险购买人群
	核心资源 平台资源：公益组织、商业机构及诸多跨界合作、明星创始人 流量：超4亿用户 市场先发优势 技术优势		渠道通路 线上平台 线下推广	
成本结构 研发成本 推广成本 补贴成本 人力成本			收入来源 保险销售 互助扶贫平台 会员费	

图 6-2 水滴筹的商业模式画布

二、商业模式设计

商业模式设计是指在对企业资源深入分析的基础上，为实现企业经营目标而对商业模式进行设计的全过程。商业模式的设计，能够为商业模式创新或企业战略实施提供依据。

（一）商业模式设计原则

商业模式设计涉及多方面的因素及各因素间的相互作用，要进行有效的商业模式设计，需要遵循以下六点。

1. 确保企业能够持续盈利 企业是否能够持续盈利是判断商业模式是否成功的唯一的外在标准。因此，能够盈利是进行商业模式设计时必须要解决的问题，这里的盈利要有可持续性。持续盈利是一个企业是否具有可持续发展能力的有效考量标准。

2. 确保客户价值最大化 商业模式能否持续盈利，与该模式是否能够使客户价值最大化有必然联系。一个不能满足客户价值的商业模式，即使盈利也只是偶然，不具有可持续性。反之，一个能为客户创造价值、帮助客户实现价值的商业模式，最终会让企业盈利。因此，进行商业模式设计时要把对客户价值的满足作为企业追求的主张，研究客户需求并给客户创造新的附加值，通过价值创新增强客户黏性。

3. 能够整合资源 整合资源就是对企业拥有的、可支配的资源进行优化配置，得到整体最优。如优化企业内部价值链，可获得专业化的集中优势；深化产业链上下游企业可获得协同关系；与各方建立战略联盟等都是整合资源优化配置的一种方式。

4. 能够坚持创新 创新是指不断探究客户需求，以客户价值为核心，研究怎样给客户提供具有创新性价值的过程。一个成功的商业模式不一定是技术上的突破，更多的是对某一个环节进行改造或对原有模式进行重组、改造，甚至是对整个商业模式进行颠覆性改变。商业模式的创新贯穿于企业经营的全过程，如资源开发、产品研发、生产制造、营销策略、渠道通路等环节。

5. 能够建立战略联盟 战略联盟指两个或两个以上的组织为实现特定的战略目标而共同承担风险、共享利益的长期合作伙伴。在市场多元化的经济形势下，新的商业模式不再是传统的孤军作战，更多以企业间的战略联盟为载体，发展联盟经济。通过建立战略联盟的伙伴关系，聚合彼此价值链上的核心竞争力，创造更大价值形成更有竞争力的群体。

6. 能够做好风险控制 风险控制是企业创立、经营的必要保障。无论商业模式设计多好，若抵御风险的能力很差，企业则经不起任何风浪。这里的风险包括两方面：一是行业政策、法律法规、行业风险等外部环境带来的风险，如近年来医药行业的药品零差价、两票制、4 + 7 带量采购等政策的出台对医药营销大环境产生了重大影响；二是内部环境可能存在的风险，如产品的替换、人员的变更、资金链的断裂等。

以上是商业模式设计的六条基本原则，在创业实践中，企业应当因地制宜，灵活处理，结合企业的内外环境对商业模式进行设计和创新。

（二）商业模式设计方法

从设计学角度讲，商业模式设计本身就是一个创意设计的过程，因此这里我们采用设计领域的技术方法，通过洞察客户需求、构思创意、可视化思考、制作商业模式原型四种方法设计商业模式。

1. 基于洞察客户需求建立商业模式 客户视角是整个商业模式设计过程的指导原则，因此需要站在客户的角度来思考。虽然客户的思维不是创新唯一的起点，但具有创新性的成功商业模式一定是建立在对客户深入了解的基础上形成的。

基于客户视角设计商业模式需要注意两点：一从市场营销角度看，进行市场调研深入了解客户的需求。这里深入了解客户并不是简单地去问他们需要什么，而是从客户的工作环境、生活场景、对生活的期待等方面挖掘客户的潜在需求，如共享汽车的出现，就是满足了暂时买不起车、不想养车但实际对便捷出行有需求的消费者；二是企业要清楚需要关注哪些客户和忽略哪些客户，也就是做好客户选择。设计商业模式应避免只聚焦于企业现有的客户细分群体，还要着眼于新的和未被满足的客户细分群体，如英国易捷航空就是让很少坐飞机的中低收入客户群体能够坐得起飞机。

为能够真正洞察客户需求，可以使用"超简客户分析器"即 Xplane 公司开发设计的一个可视化思考工具，也称为"移情图"，详见图 6 - 3。它能够帮助使用者更好的理解客户的环境、行为、关注点和愿望。

如何使用"移情图"让它发挥作用呢？

首先，找出企业提供的产品或服务面向的所有客户细分群体，进行客户描述，包括客户的人口因素、社会因素、文化因素等多方面的信息。

然后从"看—听—说—感受"四类感触，回答以下六个问题，并通过白板、便利贴纸重新描

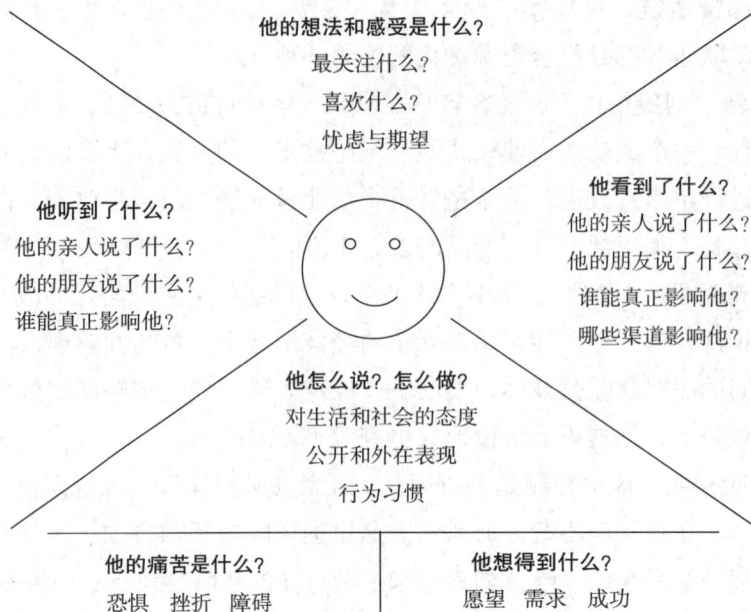

图 6-3 移情图

述新定义的客户。

（1）看到了什么？描述客户在他所处的环境中看到了什么，如他所处的环境是怎么样的？如他的周围有谁？这些人怎么影响他？他经常接触哪类的产品或服务、他遇到过哪些困难等。

（2）听到了什么？描述客户在所处的环境是如何影响他的，他的亲人、朋友说了什么？谁能影响他、如何影响他？通过哪些渠道影响他等。

（3）怎么说？怎么做？描述客户可能说什么，在公共场合做什么，如他对别人说什么？遇事时他的态度是什么？公开场合他会有哪些行为？他说的和做的是否统一等。

（4）想法和感受是什么？描述客户所想和所感，如他喜欢什么？他最在意什么？他对生活有什么期待？什么能感动他？什么困扰他等。

（5）痛苦是什么？描述客户的痛点是什么，如他被什么困扰？他害怕什么？他恐惧什么？是什么阻碍了他想要完成的事情等。

（6）想得到什么？描述客户需要的产品价值，如他真正想要什么？他如何衡量成功？他可能用什么方法满足自己的需求、达成愿望等。

2. 创意构思生成全新商业模式 绘制已经存在的商业模式和设计一个全新的商业模式本质上是不同的。设计新的商业模式，需要用创造性的流程产生大量的创意，然后筛选出最好的创意，这个产生、收集、筛选创造性的过程就叫创意构思。

商业模式创新不回首过去，因为通过过去很难推测出未来可能的商业模式，商业模式就是挑战传统思维，设计原创模型来满足未被满足的、新的客户需求。因此，在设计新的商业模式时，创业者要学会忽略企业现状和企业运营中的问题，跳出原有框架。

激发创意可以采用以下两种方式。

（1）使用商业模式画布进行分析 使用商业模式画布分析商业模式创新的核心问题时，商业模式的九大模块都可以是创新的起点，其中资源驱动、产品或服务驱动、客户驱动和财务驱动这四个集中点中的任何一个都能成为主要商业模式的起点，对其他八个模块产生强大影响。

（2）利用"假如"提问方式的力量 使用"假如"的提问方式，找出创新点。创新商业模式很难，其原因往往是因为我们会被现状限制自己的思维方式，从而遏制了想象力。采用"假如"作为问题的开始，之前我们认为不可能的事情就变成了有可能，把有可能变成现实的过程就是建立创新商业模式的过程。

3. 基于可视化建立商业模式　基于可视化建立商业模式是指利用图片、图标、便利贴、演示文档等视觉化工具对商业模式进行设计的全过程。因为商业模式是九大模块独立存在又互相联系的一个复杂概念，通过可视化的思考，用一个个有逻辑关系的图画进行展示，能使商业模式有形并且清晰明了，便于讨论和修改。

在众多的可视化工具中，重点介绍绘制商业模式画布缩略图和便利贴两种。

（1）绘图　能够用简单的图画表达出大量文字传达的涵义，用特定的符号代表特定内容，如笑脸表示情绪、钱袋表示资金，通过这种方式，将抽象的事情变得具体而形象。

（2）便利贴　每张便利贴代表一个元素，每个元素用尽量少的字表示，字用粗的马克笔书写。在思考商业模式时，一张张的粘贴，并可随意增添或移动便利贴，更容易理解该商业模式和它的动态变化。

无论用哪种可视化工具，可视化思考的过程都有四个步骤：①绘制商业模式；②画出每个商业模式的九大模块；③对九大模块设定先后顺序；④讲述、展示商业模式。

4. 制作商业模式原型　原型制作常用在产品设计中，商业模式中引入原型制作是把原型作为一个思维工具，让相关的概念变得形象化、具体化，有助于从不同方向探索商业模式的模块。商业模式原型可以用商业画布简单描绘，也可以用模拟业务运作的电子表格表示。

商业模式原型的制作分为以下四个阶段。

（1）简单素描　绘制简单的商业画布，用商业模式的重要要素呈现粗略的想法，如表现价值主张、呈现成本结构、表示客户关系等。

（2）绘制详细画布　思考如何使构思具有可操作性，通过对商业画布的详细绘制，让商业模式落到实处。

（3）形成商业案例　将详细的画布转化成电子表格，评估原型的盈利能力。首先将画布填充完整，然后录入关键数据，计算成本和收入，评估盈利潜力，然后构想不同环境下的财务场景。

（4）实地验证　调查目标客户群体的接受度和商业模式的可行性。首先准备一个合情合理的商业案例，站在客户角度模拟或找真实的客户进行实地验证，检验商业模式中价值主张、渠道通路的关键要素和产品价格、产品包装等市场中的关键要素。

三、商业模式构建

构建是全方位、多角度、深层次地建立，有建设之意。本书中商业模式构建指对商业模式从设计到实施的全过程，其本质就是分析创业机会、整合创业资源、制定和实施企业经营战略。无论采用什么样的设计方法，商业模式构建都要遵循以下五个步骤。

1. 准备阶段　准备阶段需要有创业项目、确定创业目标、组建创业团队。这个过程实际就是创业者识别创业机会、组建创业团队、规划创业项目，为商业模式设计做好准备工作。

2. 调研分析　研究分析商业模式的九大模块。通过文献查阅、市场调研、专家指导等方式收集信息，详细了解商业模式所处的内外环境。这个阶段一定要客观、全面收集信息，否则容易被预先设想的想法影响整个商业模式的设计。

3. 设计阶段　指选择合适的商业模式设计方法，用创新思维对商业模式进行探索和构建。

4. 实施阶段　指将已经确定的商业模式在企业的实际运营环境中开始实施。这个阶段需要企业具有较强的项目管理能力，能够根据实际环境快速调整商业模式。

5. 纠偏阶段　指在分析内外环境的基础上，通过持续的商业模式评估，对商业模式进行纠偏，结合企业发展战略不断完善商业模式的动态化管理过程。

▶ **知识拓展**

商业模式创新方式

在互联网时代，商业模式创新是企业持续发展的动力，是企业创新的最高形态，也是改变产业竞争格局的重要力量。如何进行商业模式创新，可以从以下六个方面入手：一是扩展现有的商业模式，指在原商业模式基础上，通过拓展新的业务领域、提供新的产品或服务等变量进行创新；二是更新现有商业模式的独特性，通过不断更新客户价值进行创新；三是将成功的商业模式复制到其他领域，用同样的商业模式进军新的市场；四是重新定位商业模式，通过购买、兼并和重组业务，重新对市场模式进行定位；五是从本质上重新建立新的商业模式，在高科技产业领域比较常见。

本章小结

蒂蒙斯创业过程模型中提出，创业成功的三大要素为创业机会、创业资源和创业团队，三者缺一不可。创业机会是创业过程的核心驱动力，创业资源是创业成功的必要保证，创业团队是创业过程的主导者。创业资源是企业开展经营活动的必备条件，其中创业融资能力决定了企业能否顺利地开展经营活动，商业模式决定了企业是否能够持续盈利。企业创业过程的核心是建构创新性的商业模式，在企业拥有的创业资源基础上，对商业模式九大模块进行调研分析，利用商业模式设计方法完成企业商业模式的搭建。本章重点介绍了创业融资渠道、商业画布和商业模式设计，难点在于培养学生具备能够进行融资渠道分析和商业模式设计的能力。

💡 **思考题**

1. 你认为大学生创业适用的融资方式有哪些？陈述选择原因并进行可行性分析。
2. 通过查阅资料，对樊登读书的商业模式进行分析，画出它的商业模式画布。

题库

第七章　企业创办

学习目标

知识目标

1. 掌握创办企业相关的法律法规及创办企业的相关流程。
2. 熟悉新创企业的管理内容。
3. 了解适合医学类学生的创新创业类型。

技能目标

1. 积极运用所学知识开展适合医学生的创业。
2. 依法对新创企业进行管理。

第一节　创业相关法律问题

案例讨论

【案例】小张同学是某卫生职业学院药学专业大三学生，即将毕业走向社会。小张在校期间曾利用寒、暑假从事销售工作，大二下学期开始和几位同学在医药零售企业实习了较长时间，掌握了相关医药零售知识和管理知识。同时，小张自身家庭条件较为优越，面对竞争激烈的就业市场，他与另外两名同学想合作开办一家医药销售企业，却不知道如何开始着手。

【讨论】1. 适合初创的企业类型都有哪些？

2. 作为大学生该如何创办自己的企业？

企业，一般是指以盈利为目的，运用各种生产要素（土地、劳动力、资本、技术和企业家才能等），向市场提供商品或服务，实行自主经营、自负盈亏、独立核算的法人或其他社会经济组织。针对不同类别企业的具体需求，法律规定了不同的法律标准和条件，创业者有权选择不同组织形态的企业。法律规定的企业组织形式，根据不同标准有不同的分类。例如，根据投资主体的不同，将企业分为国有企业和非国有企业；根据承担的职能不同，将企业分为竞争型企业和非竞争性企业；根据是否独立享有权利、承担义务和责任，将企业分为法人企业和非法人企业。

在我国，大学生新创企业可以选择的组织形式有多种，主要有：个人独资企业、合伙企业、有限责任公司（包括一人有限责任公司）和股份有限公司。企业选择设立的组织形态不同，设立的条件和程序也不同。创业者应当根据自己的实际情况，综合考虑新创企业的资金、规模、人员、技术、经营和税收等因素，选择创办适合自己的企业形态，了解和遵守有关法律法规，以确保自身和他人的利益没有受到非法侵害，推动新创企业长远发展。

一、个人独资企业

个人独资企业是指依法在中国境内设立，由一个自然人投资，财产为投资人个人所有，投资人以其个人财产对企业债务承担无限责任的经营实体。个人独资企业不是法人，需要承担无限责任。《中华人民共和国个人独资企业法》《个人独资企业登记管理办法》等是调整个人独资企业法律关系的基本规范。

（一）个人独资企业的设立条件

1. 投资人为自然人　个人独资企业的投资人是自然人，法人或其他组织不能成为个人独资企业的投资人。申请设立个人独资企业的投资人应当具有相应的民事权利能力和民事行为能力。法律、行政法规禁止从事营利性活动的人，不得作为投资人申请设立个人独资企业，比如警察、法官、检察官等。投资人须是中国公民。

2. 有合法的企业名称　个人独资企业的名称应当符合名称登记管理有关规定，并与其责任形式及从事的营业相符合。不得使用"有限""有限责任"或者"公司"字样。

3. 有投资人申报的出资　法律没有限定个人独资企业的出资额金额。投资人的申报金额原则上应当与企业生产经营规模相适应，可以是个人资产出资，也可以是家庭共有财产出资。以个人财产出资或者以其家庭共有财产作为个人出资的，应当在设立申请书中予以明确。

4. 有固定的生产经营场所和必要的生产经营条件　生产经营场所包括企业的住所和与生产经营相适应的处所。个人独资企业以其主要办事机构所在地为住所。

5. 有必要的从业人员　要有与其生产经营范围、规模相适应的从业人员，具体从业人员人数由企业根据自身情况而定。

（二）投资人的权利和义务

个人独资企业的显著特征是个人所有。个人独资企业投资人对企业的财产依法享有所有权，其有关权利可以依法进行转让或继承。投资人是企业的负责人和代表人，享有企业的经营权和管理权。投资人可以自行管理企业事务，也可以委托或者聘用其他具有民事行为能力的人负责企业的事务管理。如果投资人委托或者聘用的人员在管理个人独资企业事务时违反双方订立的合同，给投资人造成损害的，应该承担民事赔偿责任。

（三）个人独资企业的优势与劣势

1. 个人独资企业的优势　①个人独资企业资产所有权、控制权、经营权、收益权高度统一，有利于创业者个人创业能力的施展和创业精神的发扬。②个人独资企业创业者自负盈亏，对企业的债务承担无限责任，企业经营好坏同创业者个人的经济利益息息相关，会引导创业者尽心竭力把企业经营好。③企业的外部法律法规对企业的经营管理、决策、进入与退出、设立与破产等的制约比较小。

2. 个人独资企业的劣势　①个人独资企业筹措大量资金较难，资金瓶颈限制了企业的扩展和大规模经营。②创业者对企业承担无限责任，投资者风险较大。创业者容易保守经营，限制创业者向风险较大的方向和领域进行投资，这对新兴产业的形成和发展较为不利。③企业连续性差。个人独资企业的业主是自然人，创业者个人的老弱病死以及个人及继任者知识和能力的缺乏，都可能导致企业破产。

二、合伙企业

合伙企业，是指依法设立的由两个或两个以上的合伙人订立合伙协议，共同出资、共同经营、共负盈亏、共担风险，并对合伙企业债务承担无限连带责任的营利性组织。合伙企业包括普通合伙企业和有限合伙企业。普通合伙企业由普通合伙人组成，合伙人对合伙企业债务承担无限连带责任。有限合伙企业由普通合伙人和有限合伙人组成，普通合伙人对合伙企业债务承担无限连带责任，有限合伙人以其认缴的出资额为限对合伙企业债务承担责任。《中华人民共和国合伙企业法》《中华人民共和国合伙企业登记管理办法》等法律法规是调整合伙企业法律关系的基本规范。

申请设立合伙企业，应当向企业登记机关提交登记申请书、合伙协议书、合伙人身份证明等文件。申请人提交的登记申请材料齐全、符合法定形式，企业登记机关能够当场登记的，应予当场登记，发给营业执照。除有上述规定情形外，企业登记机关应当自受理申请之日起二十日内，做出是否登记的决定。予以登记的，发给营业执照；不予登记的，应当给予书面答复，并说明理由。合伙企业的营业执照签发日期，为合伙企业成立日期。合伙企业领取营业执照前，合伙人不得以合伙企业名义从事合伙业务。根据法律规定，不同形式的合伙企业，设立和管理内容等也有所不同。

（一）普通合伙企业

1. 普通合伙企业的设立　设立合伙企业，应当具备下列条件。

（1）有两个以上合伙人，这点与个人独资企业不同。合伙人为自然人的，应当具有完全民事行为能力。国有独资公司、国有企业、上市公司以及公益性的事业单位、社会团体不得成为普通合伙人。

（2）有书面合伙协议。合伙协议依法由全体合伙人协商一致，并以书面形式订立。订立合伙协议、设立合伙企业，应当遵循自愿、平等、公平、诚实信用原则。合伙协议经全体合伙人签名、盖章后生效。合伙人按照合伙协议享有权利，履行义务。修改或者补充合伙协议，应当经全体合伙人一致同意，除非合伙协议另有约定。

（3）有合伙人认缴或者实际缴付的出资。合伙企业的具体出资额，法律并没有金额限制，只要合伙人认为与经营相适应即可。只要合伙人一致同意，合伙人可以用货币、实物、知识产权、土地使用权或者其他财产权利出资，也可以用劳务出资。合伙人以实物、知识产权、土地使用权或者其他财产权利出资，需要评估作价的，可以由全体合伙人协商确定，也可以由全体合伙人委托法定评估机构评估。合伙人以劳务出资的，其评估办法由全体合伙人协商确定，并在合伙协议中载明。

（4）有合伙企业的名称和生产经营场所。合伙企业名称中应当标明"普通合伙"字样。

（5）法律、行政法规规定的其他条件。

根据法律规定，以专业知识和专门技能为客户提供有偿服务的专业服务机构，也可以设立为特殊的普通合伙企业。

2. 合伙企业财产　合伙人的出资、以合伙企业名义取得的收益和依法取得的其他财产，均为合伙企业的财产。合伙人向合伙人以外的人转让其在合伙企业中的财产份额时，必须经过其他合伙人一致同意，一般在同等条件下，其他合伙人具有优先购买权。如果合伙人之间转让在合伙企业中的财产份额时，应当通知其他合伙人。

3. 合伙事务执行 合伙人对执行合伙事务享有同等的权利。按照合伙协议的约定或者经全体合伙人决定，也可以委托一个或者数个合伙人对外代表合伙企业执行合伙事务。不执行合伙事务的合伙人有权监督执行事务合伙人执行合伙事务的情况。

4. 入伙和退伙 新合伙人入伙，应当经全体合伙人一致同意，并依法订立书面入伙协议，除非根据合伙协议另有约定。订立入伙协议时，原合伙人应当向新合伙人如实告知原合伙企业的经营状况和财务状况。合伙协议约定合伙期限，在合伙企业存续期间，如有一些特殊情形出现，合伙人可以退伙。

（二）有限合伙企业

根据《合伙企业法》规定，有限合伙企业及其合伙人除了设立条件与普通合伙企业及其合伙人不同，其管理内容基本一致。

1. 设立条件 有限合伙企业由两个以上五十个以下合伙人设立，其中至少应当有一个普通合伙人。有限合伙企业名称中应当标明"有限合伙"字样。

2. 出资 有限合伙人可以用货币、实物、知识产权、土地使用权或者其他财产权利作价出资，不得以劳务出资。有限合伙人应当按照合伙协议的约定按期足额缴纳出资，如果没有按期足额缴纳的，应当承担补缴义务，并对其他合伙人承担违约责任。同时，有限合伙企业登记事项中应当载明有限合伙人的姓名或者名称及认缴的出资数额。

3. 合伙事务执行 有限合伙企业由普通合伙人执行合伙事务。有限合伙人不执行合伙事务，也不得对外代表有限合伙企业。

4. 合伙人转变 如果合伙协议没有特别约定，有限合伙企业的普通合伙人可以转变为有限合伙人，或者有限合伙人可以转变为普通合伙人，但是应当经全体合伙人一致同意。

（三）合伙企业的优势与劣势

合伙组织形式与个人独资企业和公司相比，有明显的优势，同时也有不足，这需要创业者根据自己的实际情况综合考虑进行选择。

一是合伙企业资金筹措能力较强。合伙企业合伙人数在两人以上，可以充分发挥优势互补的作用，广泛筹措资金，提升合伙企业的综合实力，推动合伙企业规模扩大。

二是共担风险和责任。合伙企业合伙人需要共同承担合伙企业的经营风险和责任，因此，相对于个人独资企业而言，创业者的风险和责任相对分散，减轻了创业压力。

三是政策环境较为宽松。法律对合伙企业的干预和限制较少，因此合伙企业在经营管理上往往具有较大的灵活性和自主性，每个合伙人都有权参与企业的经营管理工作。

四是稳定性不强。合伙企业中任何一个合伙人破产、死亡或退伙都有可能导致合伙企业解散，因此合伙企业的存续期限直接受到合伙人个人因素影响，没有较强的稳定性。

三、公司

公司是指依照《中华人民共和国公司法》（简称《公司法》）在中国境内设立的企业法人。公司具有独立的法人财产，享有法人财产权，以其全部财产对公司债务承担责任。我国的公司分为有限责任公司和股份有限公司。它是一种实现所有权与经营权相对分离，有利于强化企业经营管理职能的企业组织形式。

（一）公司的设立规定

1. 公司登记　创业者如果设立公司，应当依法向公司登记机关申请设立登记，由公司登记机关根据法律规定分别登记为有限责任公司或者股份有限公司。

2. 营业执照　依法设立的公司，由公司登记机关发给公司营业执照。公司营业执照签发日期为公司成立日期。公司营业执照应当载明公司的名称、住所、注册资本、经营范围、法定代表人姓名等事项。如果公司营业执照记载的事项发生变更的，公司应当依法办理变更登记，由公司登记机关换发营业执照。

3. 公司章程　设立公司必须依法制定公司章程。公司章程对公司、股东、董事、监事、高级管理人员具有约束力。

4. 经营管理　公司的经营范围由公司章程规定，并依法登记。公司可以修改公司章程，改变经营范围，但是应当办理变更登记。如果设立的公司经营范围中有属于法律、行政法规规定须经批准的项目，还应当依法经过批准。公司可以依法设立分公司，也可以向其他企业投资或者为他人提供担保。

（二）有限责任公司

有限责任公司是指股东以其认缴的出资额为限承担责任，公司以其全部财产承担责任的企业法人。

1. 有限责任公司的设立

（1）具有符合法律规定的股东人数。按照《公司法》规定，有限责任公司由五十个以下股东出资设立。一个自然人或一个法人可以投资设立一人有限责任公司。一个自然人只能投资设立一个一人有限责任公司，该一人有限责任公司不能投资设立新的一人有限责任公司。

（2）有符合公司章程规定的全体股东认缴的出资额。股东可以用货币出资，也可以用实物、知识产权、土地使用权等可以用货币估价并可以依法转让的非货币财产作价出资。

（3）有股东共同制定的公司章程。

（4）有公司名称。公司名称应标明"有限责任公司"或"有限公司"字样，并建立符合有限责任公司要求的组织机构。

（5）有公司住所。公司以其主要办事机构所在地为住所。

股东认足公司章程规定的出资后，由全体股东指定的代表或者共同委托的代理人向公司登记机关报送公司登记申请书、公司章程等文件，申请设立登记。有限责任公司成立后，应当向股东签发出资证明书。

2. 有限责任公司的经营管理　有限责任公司组织机构包括股东会、董事会和监事会。股东人数少及规模较小的公司可不设董事会，仅设一名执行董事。一人有限责任公司不设股东会。

有限责任公司股东会是公司的权力机构，由全体股东组成。股东会会议分为定期会议和临时会议。董事会是有限责任公司的执行机构，是由股东大会选举产生，对内执行公司业务，对外代表公司的常设性机构。监事会由股东代表和适当比例的公司职工代表组成，监事会中的职工代表由公司职工民主选举产生。

（三）股份有限公司

股份有限公司，又称股份公司，是指公司全部资本分为等额股份，股东以其所认购的股份为限对公司承担责任，公司以其全部资产对公司债务承担责任的企业法人。

1. 股份公司的设立

（1）发起人符合法定人数。发起人应当在两人以上两百人以下，其中须有半数以上在中国境内有住所。

（2）有符合公司章程规定的全体发起人认购的股本总额或者募集的实收股本总额。股份有限公司的设立可以采取发起设立或者募集设立的方式。如果公司采取发起设立方式设立的，注册资本即为在公司登记机关登记的全体发起人认购的股本总额。采取募集方式设立公司的，注册资本为在公司登记机关登记的实收股本总额。

（3）股份发行、筹办事项符合法律规定。发起设立是指由发起人认购公司应发行的全部股份而设立公司。以发起设立方式设立股份有限公司的，发起人应当书面认足公司章程规定其认购的股份，并按照公司章程规定缴纳出资。以非货币财产出资的，应当依法办理其财产权的转移手续。募集设立，是指由发起人认购公司应发行股份的一部分，其余股份向社会公开募集或者向特定对象募集而设立公司。以募集设立方式设立股份有限公司的，发起人认购的股份不得少于公司股份总数的百分之三十五。

（4）发起人制订公司章程。如果采用募集方式设立公司的，需要经创立大会通过。

（5）有公司名称，建立符合股份有限公司要求的组织机构。

（6）有公司住所。

2. 股份有限公司经营管理　股份有限公司股东大会由全体股东组成。股东大会是公司的权力机构，应当每年召开一次年会。与有限责任公司一样，股份有限公司设董事会和监事会，负责公司具体经营管理。董事、监事、高级管理人员应当遵守法律、行政法规和公司章程，对公司负有忠实义务和勤勉义务。

（四）公司的优势与劣势

公司作为法人的一种形态，也是典型的企业法人，在市场经济主体中居于重要地位。公司股东的有限责任特点能够分散风险，股份转让形式便捷，增强股东投资的积极性。公司可以公开在社会上广泛集资，发行股票、债券等，能够更好地推动企业壮大变强。公司的组织结构模式使其所有权与经营权严格分离，资本和经营以获利为目的，能够有效提升管理水平，为创业者谋求利益最大化。我国法律法规对公司监管有严格规定，股东个人因素不会影响企业的正常运行，公司的稳定性长效性较其他企业形式强。当然，设立公司也存在一定劣势，如公司的设立和管理成本较其他企业形式较高，经营信息公开透明，往往实际事务管理由少数股东控制，容易导致少数股东滥用控制权利，损害其他小股东利益。因此，具体采用何种创办企业模式需要创业者根据自身情况合理抉择。

第二节　企业创办流程

创业者根据自己的实际情况，确定好创办企业的组织形式之后，就可以根据相关法律规定进入新企业的创办流程。

一、企业的创办

（一）企业的登记管理

根据《中华人民共和国企业法人登记管理条例》《个人独资企业登记管理办法》《中华人民共和国企业法人登记管理条例施行细则》等法律法规建立了企业登记管理制度。根据规定，凡具备企业法人条件的全民所有制企业、集体所有制企业、联营企业、在中华人民共和国境内设立的中外合资经营企业、中外合作经营企业和外资企业、私营企业、依法需要办理企业法人登记的其他企业应当根据国家有关规定申请企业法人登记。个人独资企业的设立、变更、注销，也应当依法办理企业登记。

1. 企业法人登记管理制度

（1）主管部门　我国实行企业法人登记管理制度。企业必须经过法人登记主管机关审核，准予登记注册、取得法人资格，其合法权益才受国家法律保护。我国的法人登记主管机关是国家市场监督管理总局和地方各级市场监督管理局。

（2）注册事项　企业法人登记注册的主要事项：企业法人名称、住所、经营场所、法定代表人、经济性质、经营范围、经营方式、注册资金、从业人数、经营期限、分支机构。

（3）登记申请　企业办理企业法人登记时，由该企业的组建负责人申请。企业法人办理开业登记，应当在主管部门或者审批机关批准后 30 日内，向登记主管机关提出申请；没有主管部门、审批机关的企业申请开业登记，由登记主管机关进行审查。登记主管机关应当在受理申请后 30 日内，做出核准登记或者不予核准登记的决定。

企业法人改变名称、住所、经营场所、法定代表人、经济性质、经营范围、经营方式、注册资金、经营期限，以及增设或者撤销分支机构，应当依据流程申请办理变更登记。

2. 个人独资企业的设立登记

（1）设立申请　申请设立个人独资企业，应当由投资人或者其委托的代理人向个人独资企业所在地的登记机关提交设立申请书、投资人身份证明、生产经营场所使用证明等文件。委托代理人申请设立登记时，应当出具投资人的委托书和代理人的合法证明。

（2）个人独资企业登记　登记机关在收到文件之日起 15 日内，做出核准登记或不予登记的决定。

（二）企业登记相关材料

根据《中华人民共和国企业法人登记管理条例》规定，申请企业法人开业登记，应当提交下列文件、证件：①组建负责人签署的登记申请书；②主管部门或者审批机关的批准文件；③组织章程；④资金信用证明、验资证明或者资金担保；⑤企业主要负责人的身份证明；⑥住所和经营场所使用证明；⑦其他有关文件、证件。创业者如果办理企业，可以根据各地市场监督管理局的要求，通过政务服务网络平台进行申请。不同性质的企业登记注册时需要提交的资料有所不同，企业应该根据自己选择的企业类型，依照相关要求准备需要提交的材料。

1. 个人独资企业　准备个人独资企业登记（备案）申请书、住所和经营场所使用证明、自助申报名称告知书、企业名称自助申报使用信用承诺书等材料。

2. 合伙企业　普通合伙企业主要需要准备合伙企业登记（备案）申请书，有限合伙企业还需要提交合伙决议、合伙人出资确认书、租赁合同或产权证明、自主申报名称告知书、企业名称自主申报使用信用承诺书。

3. 公司企业　有限责任公司需要提交设立登记表、股东会决议、公司章程、设董事会、监事会公司提交董事会决议。申请一人有限公司需要提交公司登记（备案）申请书、公司章程、股东决定、租赁合同或者产权证明、自主申报名称告知书、企业名称自主申报使用信用承诺书。股份有限公司提交公司登记（备案）申请书、公司章程、发起人的主体资格证明或者自然人身份证件复印件、股东会决议、董事会决议。

（三）营业执照和刻章备案

营业执照的登记事项主要包括企业名称、企业地址、负责人姓名、注册资金数额、经营范围、经营期限等。营业执照分正本和副本，二者具有相同的法律效力。营业执照不得伪造、涂改、出租、出借、转让。

1. 企业法人营业执照　申请企业法人开业登记的单位，经登记主管机关核准登记注册，领取《企业法人营业执照》后，企业即告成立，取得企业法人资格。企业法人凭据《企业法人营业执照》可以刻制公章、开立银行账户、签订合同，进行经营活动。

2. 个人独资企业营业执照　登记机关应当在收到设立申请文件之日起十五日内，对符合法律规定条件的，予以登记，发给营业执照；对不符合法律规定条件的，不予登记，并应当给予书面答复，说明理由。个人独资企业的营业执照的签发日期，为个人独资企业成立日期。在领取个人独资企业营业执照前，投资人不得以个人独资企业名义从事经营活动。个人独资企业设立分支机构，应当由投资人或者其委托的代理人向分支机构所在地的登记机关申请登记，领取营业执照。

经登记机关依法核准登记，领取营业执照后，方可从事经营活动。个人独资企业应当在登记机关核准的登记事项内依法从事经营活动。分支机构的民事责任由设立该分支机构的个人独资企业承担。

拿到营业执照后，企业需要携带备案材料，选择注册所在地内的合法刻制单位，由刻制单位核验备案材料，并录入印章治安管理系统。服务器收到完整资料将自动生成备案编码和印模，刻制单位按服务器样板刻章留底，并将刻制数据上传至公安机关备案，完成备案过程后可打印备案证明。

（四）开设银行基本账户和税务登记

企业可以选择企业注册所在地的各个商业银行开立银行基本账户。银行账户是单位为办理结算和申请贷款在银行开立的户头，也是单位委托银行办理信贷、转账结算以及现金收付业务的工具。银行账户分为基本存款账户、一般存款账户、临时存款账户和专业存款账户四类。一般情况下，企业只办理基本存款账户即可。开立基本存款账户的，需填写开户申请、提供《营业执照》等资料证件，送交盖有存款人印章的印鉴卡片，交由银行审核同意，并凭银行核发的开户许可证，即可开立该账户。

税务登记又称纳税登记，是税务机关根据税法规定，对纳税人的生产经营活动进行登记管理的一项法定制度，也是纳税人依法履行纳税义务的法定手续。税务局根据企业情况核定企业为小规模纳税人或一般纳税人，并办理税务登记备案。

二、新创企业的市场进入

当创业者看好一个市场或商品领域，选择好企业的组织形式后，还可以通过新企业进入市场。主要模式有建立新企业、收购现有企业和特许经营。

（一）通过新建企业模式进入市场

新创企业常选用的企业形式有个人独资企业、合伙企业和设立公司。

（二）通过收购企业模式进入市场

收购是指一家企业通过一定的程序和手段用现金、债券或股票购买另一家企业的股票或资产，以获得对该企业的控制权，该企业的法人地位并不消失。

收购能够帮助新企业快速获取被收购企业的市场经营优势，有效降低新企业进入新行业的障碍，减少新企业发展的投资风险和成本，缩短投入产出时间，能够使新企业实现合理避税。但是如果新企业对被收购企业收购后的生产经营没有做好充足的调研和预期，会导致生产经营不利。如果高价格收购，则会使新企业作为买主难以获得一个满意的投资回报。

（三）通过特许经营模式进入市场

特许经营是一种合同关系，即特许人和受许人之间的合同关系。受许人的经营是在特许人所有和控制的模式之下进行的。

新创企业采取特许经营方式的主要优势在于可以作为加盟商反复借助特许商的商标、技术、经营模式，通过已有的商誉和品牌来扩大经营规模，减少市场风险。同时特许经营使得作为加盟商的新创企业得到一套完善的、严谨的经营体系。但是特许本身会受到品牌方一定制约和限制，使新创企业较难改变已有的经营模式来适应市场以及政策的各种变化。同时，由于每个地区消费者需求不同，特许经营也很难在所有地区都能保持良好优势。

三、新创企业的社会责任

在创办新企业过程中，判断新企业是否强大，发展潜力是否巨大，除了依赖企业经济实力、管理水平、技术力量因素，还要考虑建设企业中的法律和伦理问题，这就是企业的社会责任。企业在为股东赚取利润的同时，必须承担一定的社会责任，使企业、市场和社会获得共同繁荣和发展，使企业成为社会良心的维护者。以伦理道德、社会责任为主要内容的企业文化的形成和发展，是新创企业必须要考虑的内容。

（一）企业的社会责任

企业的社会责任是指企业在追求利润最大化的同时，应当承担更为广泛的社会责任。虽然企业社会责任的理念已经广被接受，但就国际社会而言，还没有统一的定义。国际组织认为企业社会责任是指企业在创造利润、对股东利益负责的同时，还要承担起对企业利益相关者的责任，保护其权益，以获得在经济、社会、环境等多个领域的可持续发展能力。这里的利益相关者是指企业的员工、消费者、供应商、社区和政府等。

随着经济和社会的进步，企业要可持续经营，不仅要对赢利负责，而且要承担起相应的环境责任和社会责任。企业的生存和发展有赖于一定的社会环境，回应社会的要求是企业理性的表现。国际社会对企业社会责任没有统一标准，世界上一些国际组织对推进企业社会责任非常重视，并成立了相关机构和组织，希望能够推动企业对社会责任达成共识。

根据我国著名经济学家任玉敏先生的建议，我国企业应承担的社会责任主要有以下八大方面。

（1）承担明礼诚信确保产品货真价实的责任。

（2）承担科学发展与交纳税款的责任。

（3）承担可持续发展与节约资源的责任。

（4）承担保护环境和维护自然和谐的责任。

（5）承担公共产品与文化建设的责任。

（6）承担扶贫济困和发展慈善事业的责任。

（7）承担保护职工健康和确保职工待遇的责任。

（8）承担发展科技和开创自主知识产权的责任。

（二）企业承担社会责任的意义

1. 有利于塑造良好的企业形象　企业形象是社会公众和职工对企业整体的印象和评价，是企业对外影响力的综合表现，也是企业竞争力的重要内容。因此，新创企业要获得成功发展，必须把承担社会责任作为发展战略的重要组成部分。

2. 有利于增强企业的内生聚力　内生聚力是企业生存和发展的重大力量，是企业核心竞争力的本质所在。新创企业要形成内生聚力就要求企业要坚持以人为本的管理思想，实行民主管理，努力建设先进的企业文化，注重保护劳动者的人身安全、身心健康和合法权益，才能在企业中凝心聚力共创发展。同时，企业还应积极参加社会活动，自觉履行社会责任，更好地吸引员工和投资者。

3. 有利于社会的可持续发展　建立可持续发展的社会，是利在当代、功在千秋的伟大事业，也是全人类共同奋斗的目标，企业在建设可持续发展社会中责无旁贷。企业应当自觉承担起主动节约、科学利用和自觉保护自然资源的责任。环境道德是企业承担社会责任的核心内容，这既是企业利益所在，也是建立可持续发展社会的必然要求。如果社会中拥有良好社会形象和信誉的企业在社会发展中发挥带头和示范作用，将极大地促进整个社会的可持续发展。

因此，作为新创企业要有承担和提升企业社会责任的意识和能力，既从思想上制定实施体现企业社会责任的竞争战略，建设中也要把企业社会责任建设融入企业文化建设中，更要把企业社会责任的理念落到企业发展的实处。

第三节　新创企业基本管理

案例讨论

【案例】合肥"美客美食"饮料食品销售公司曾经是大学生创业项目，由大学三年级和二年级的五名同学融资组成，注册资金10万元，主营产品为休闲类小食品和饮料。自动售货-回收一体机采取租赁形式获得，第一年共租赁一体机三台套，第二年增加一台套。开业第一年底，公司营业收入95000多元，营业成本及相关费用共计72000多元，净利润23000元左右。但随着大四毕业，同学们精力分散，公司经营状况下降，第二年10个月公司共盈利近35000元。两年时间人均盈利不到7000元。期间个别同学因精力分散导致成绩下降，创业团队成员毕业走上社会后，价值观存在明显差异，摩擦不断，公司最终不得不于第二年11月份注销。

【讨论】从大学生"美客美食"的创业过程中，你认为有哪些经营管理方面的教训？

创业并没有那么简单，对于初创者而言，易遭遇资金不足、制度不完善、因人设岗等问题。企业管理活动比较复杂，必须系统地学习管理企业的基础知识，具备基本的管理理论素养。因此要管理好新创企业，需要熟悉四个方面内容，即人力资源需求管理、劳动管理、成本管理、创业风险管理。

一、人力资源需求管理

人力资源需求管理主要依赖于合理的人力资源配置。合理配置人力资源能够帮助企业正常开展业务，逐步打开市场，从而走向正轨，实现盈利。为了合理配置人力资源，需要根据企业的现状和发展规划，对人力资源需求做出科学预测，对职务编制、人员配置、招聘、培训、政策调整、费用预算等内容列出相应计划。

（一）了解人力资源需求准备

1. 企业内部需求　创业者需要清楚了解人力资源现状和企业经营现状、企业未来的战略规划等问题，充分考虑现有员工的数量、质量和工作状况、员工流动的可能性、自然减员等情况。

2. 企业外部环境　创业者需要与时俱进，熟悉最新政治经济环境，熟悉政策法律法规，熟悉劳动力市场供求状况等外部环境因素，遵纪守规，服从政策，做好创业前期人力资源准备工作。

（二）人力资源需求预测主要方法

1. 先分后合预测法　即先由各个部门提交各种的人力资源需求，然后再由决策层综合平衡各个部门的预测人数，从中得到企业的人力资源总需求数。这种办法的缺点是主观性强，容易受各部门利益干扰。优点是简单易行，成本低，很适合小规模企业。此方法适用于短期预测和中期预测，对于产品相对单一、规模比较稳定的企业，也可以用于长期预测。

2. 经验预测法　即维持与现状一样的人员配备比例的预测方法。例如，某食品企业每个生产人员的日产出量是 500 个单位，目前只有 20 个生产人员。为了实现每天生产 20000 个单位的目标，则需要再增加 20 个生产人员。当企业生产的内外部环境相对稳定时，这一方法的准确度较高。它预设了情况比较稳定的前提，而稳定只是短期的稳定，所以它只适合短期预测。

3. 德尔菲法　德尔菲法又叫专家评估法，即采用匿名问卷调查的方式，听取专家们对企业人力资源未来需求量的一致评估意见。它要求给专家们提供足够的信息，反复汇总意见，进行多次预测，直到得出一致的评估意见为止。专家即深入了解所研究问题的人员，他们可以是管理人员或者普通员工，也可以来自企业外部。由于此法非常费时费力，应得到专家们的重视，避免讨论非核心问题。

（三）编制人力资源需求计划

1. 通过前期准备，掌握与人力资源需求相关的企业内外部信息。

2. 根据内外部信息情况，制定如下计划：

（1）**职务编制计划**　根据企业的发展规划，结合人力资源预测情况，描述企业未来的组织职能规模和模式，包括企业的组织结构、职务设置、职务描述和职务要求等内容。

（2）**人员配置计划**　根据企业的发展规划，结合企业人力资源净需求，描述企业未来的人员数量和素质构成，包括企业每个职务的人员数量、职务变动、空缺数量等内容。

（3）**招聘计划**　对职位的空缺情况进行招聘补充，包括企业未来特定职务的内部、外部等招聘形式、招聘要求、具体的实施方案等内容。

（4）培训计划　为了帮助员工适应岗位，针对企业新招的、新到岗的或其他需要培训的现有员工，进行各类培训，包括培训政策、培训需求、培训内容、培训形式、培训考核等内容。

（5）政策调整计划　描述未来企业人力资源政策的调整原因、步骤和范围等情况，包括绩效考评政策、薪酬与福利政策、激励政策、职业生涯规划政策等。

（6）费用预算　对人力资源管理过程中所产生的各项费用进行预算，包括招聘费用预算、培训费用预算、福利费用预算等内容。

3. 人力资源计划书编制完成之后，需要与企业各部门进行沟通，根据各部门实际情况反复确定修改，最后交由公司决策层审议。待计划审议通过后，企业需要按照程序对人力资源计划书执行。

二、劳动管理

新创企业创业者虽然对企业人力资源需求了解把握，但是创业初期，新创企业的人力资源优势还未形成，应该做好新兴员工选拔招聘，加强对企业员工劳动管理。

（一）新兴员工的选拔招聘

企业招聘是把符合应聘资格的求职者吸引到空缺岗位的过程。而选拔即从应聘者中挑选出符合企业需求的候选人。员工的选拔招聘要遵循少而精的原则，充分考虑人力资源成本，充分考虑所要选拔招聘的人员与岗位的匹配程度。同时，严格进行选拔招聘测试，以挑选到适合的人才，满足企业的用人需求。一般而言，企业选拔招聘需要经过以下程序。

1. 简历筛选　企业管理者要对求职者的学历、专业知识、技能水平、外语计算机水平等方面的基本要求进行筛选，从求职者基本情况判断是否符合企业需求。

2. 知识能力测试　通过一些科学方法来判断应聘者能力和性格的特征，以考核其是否具备完成工作的能力与素质。员工测试的形式多样，一般比较常见的有能力和素质测评、情景模拟、面试、心理测评等内容。

3. 背景调查　对求职者的学习经历、工作经历、信用状况等与工作相关的内容进行核实。可以直接向求职者本人沟通确认，或者向求职者以前的管理者及其他相关人士进行核实。

4. 体检　要求已经通过前述程序的求职者进行体检，以便于了解他们的身体健康状况。良好的身体状况是履行职责的重要影响因素，尤其针对法律规定身体状况不得从事特定行业的人员或者行业企业有特别需要的情况，必须严格审查。

5. 岗前培训　许多企业在上岗前会组织新招进的员工进行相关培训，使得他们了解自己的工作内容、工作环境和企业文化等情况。

6. 员工试用　对于企业中通过培训合格者可以进行岗位试用，约定试用期。试用过程是一种双向选择的过程，企业与新员工可以相互了解、仔细考虑是否在试用期满后进入正式录用程序。

（二）劳动关系管理

劳动关系是指企业和员工劳资双方所结成的社会经济关系。而劳动关系管理是为了企业生产经营活动的正常开展，实现劳资双方的协调合作，企业管理者采取一系列缓解、避免劳动关系冲突的措施和手段。

劳动关系合作管理。劳动关系合作的主要方式为员工参与制度、集体谈判和集体合同制度。

员工参与制度主要是员工参与企业的管理和分配，主要形式有职工代表大会制度、厂务公开制度、职工合理化建议活动制度等，通过员工参与，形成企业主人翁意识，共同推进企业发展。集体谈判又称集体协商，是劳资双方各派一定数量的代表，以签订集体合同为目的而进行的系列沟通活动。集体合同也称集体劳动协议，是集体谈判双方代表之间签订的书面协议，签订劳动合同既是法律明确规定，也是避免和解决劳动冲突的良好方式。

劳动关系冲突管理。劳动关系冲突主要表现为劳动报酬、解除劳动合同和保险及社会福利等方面的利益冲突。客观地说，劳资双方地位不平等，企业管理者在劳动合同签订时，往往有比员工更强势的话语权，希望员工服从管理，而员工却希望能参与企业管理和决策，如就改善薪酬、福利等进行决策，双方意见不一致容易产生冲突，影响企业发展。因此需要双方妥善沟通调解，或者通过法律途径维护自身利益。

三、成本管理

所谓成本管理，即为了实现企业利益最大化的目标，以成本的目标、产生和利用为基础，进行计划、预算、控制、计算和考核等一系列的科学管理活动，它是企业财务管理的核心内容。就目前而言，成本管理往往是大学生创新创业活动的主要短板，因此有必要学习如何进行成本管理。

所谓企业成本，狭义地说，即企业在产品生产过程中所发生的各种消耗。狭义的含义局限于描述制造业的成本状况。为了全面描述各种类型的企业，一般采用广义上的说法，即认为企业成本是维持企业生产经营活动所需要付出的特定代价。

（一）成本管理原则

1. 与质量平衡　注重质量和成本的关系，找到成本与质量的平衡点。如果产品的成本过高或者质量过差，则会影响整体的售价和销量，进而影响企业利益的实现。因此，不能盲目地追求质量而不惜成本，更不能为降低成本而不顾质量，避免成本与质量的失衡。

2. 与产量平衡　注重产量和成本的关系，找到成本与产量的平衡点。一般情况下，降低成本，可为增加产量提供条件；产量增加以后，单位产品中的固定费用减少，产品成本也因此降低。然而，如果过分注重规模效应，而忽视市场容量，产量增加得越多，亏损就越大。

3. 与长期战略协调发展　即协调短期利益与长远利益的关系，使成本管理服从于企业的长期战略。例如，京东创业的前 19 年，年年亏损，于 2016 年终于首次实现年度盈利，净利高达 10 亿人民币。京东能成为行业巨头，对物流仓储投入了巨额的成本，不是基于一两年的企业利润，而是基于企业的长期发展战略。

（二）成本管理的方法

1. 标准成本管理　即对企业成本的各种可以标准化的因素，进行全面标准化。例如，对产品的设计、研发、原材料、零部件、生产工艺、包装等全过程进行全面的标准化管理。在标准成本管理之下，需要分析实际成本与标准成本的差异，查明其中原因并努力缩小差异。这是一种以"流水线"式的统一标准视角，去看待企业生产经营全过程的成本管理方法。

2. 目标成本管理　目标成本管理来源于日本，也被称为日本企划。它是指在产品的策划、开发中，根据顾客需求设定相应的目标，希冀同时达成这些目标的综合性利润管理活动。目标成本管理的做法是，以顾客的期待售价，减去企业的目标利润，从而得出整个产品的目标成本。这一成本管理类型的切入视角是顾客的预期售价。

3. 作业成本管理　作业成本管理把企业视为最终满足顾客需要及实现企业价值最大化而设计的一系列作业的集合体。这个过程，由企业供应商开始，经过企业内部的时候，形成了一系列作业。每完成一项作业就要消耗一定的资源，一项作业完成后，继续转移到下一个作业，直到最终由作业汇聚成一个满足顾客需要的产品。这一管理方法，是从价值角度分析各种产生成本的"作业"对最终产品所产生的作用。

4. 成本战略管理　即以特定的方式抢占市场竞争优势，从而在众多竞争者中保持最低的成本，并且以低价策略占有大量市场份额的成本战略。成本战略管理的视角，就是以战略的高度去看待成本管理。例如，许多产品通过网络营销，是在销售渠道畅通、性价比高的竞争优势下，确定了一个同等品质的竞争者们所无法承受的低价。在此等竞争优势下，实行极低的广告成本战略，并不会降低其市场份额。

（三）成本管理的内容

即企业生产经营过程中所产生的企业成本，根据一定的目标，进行计划、预算、控制和考核等一系列步骤。成本管理贯穿了企业生产经营的全过程，只有在具体的经营活动中，才有可能实现成本管理的目标。通常来说，成本管理的程序主要有以下几个基本内容。

1. 制定成本管理目标。

2. 制定成本计划，成本管理目标制定以后，需要制定相应的成本管理计划，以细化目标、找到实现目标的具体操作方案。

3. 进行成本预算，即对成本计划执行全过程用数量进行表示的过程。一般来说，为了有效地进行成本管理，需要用数量关系表现出所有影响企业成本的因素，并且对未来可能发生的各项成本进行预算。

4. 制定成本控制办法。为了落实成本计划，实现成本目标，企业需要在成本执行的过程中制定相应的措施。

5. 进行成本计算，即对企业成本的实际执行情况，如实地计算。

6. 实行成本考核，即综合评价成本计划或预算的落实情况。只有进行成本核算，才能发现成本管理中存在的问题，并及时加以解决，不断地提高成本管理的水平。

四、创业风险管理

创业风险管理是指管理者把握创业过程中风险的产生和运行的规律，及时对创业风险进行识别和应对的管理过程。创业风险管理是为了避免或者减少创业中由于风险所造成的损失，最大限度地实现创业的成功。

（一）创业风险的含义

创业风险是指创办企业时发生损失的可能性和概率，可以表现为风险因素、风险事件和损失结果等。创业风险无处不在，无时不有，伴随企业始终，贯穿到企业生产经营活动的全过程。例如，某个食品生产过程中，某位工作人员操作失误，在配方中过量添加了某种成分，致使食用该产品的消费者中毒，导致企业重大损失。创业风险具有以下三个特点。

1. 客观性　创业者要有良好的心理素质，只要投资就有风险，创业需谨慎。创业过程中要正确认识企业风险的客观存在，不能因为发生创业风险概率低就轻易忽视。

2. 不确定性 企业的生产经营活动，是在一定的内外环境中进行的。其中，环境中的各种风险因素与环境发生作用，有时会被消磨殆尽、有时会被滋长爆发。例如，一个新创办的企业，可能会营造出越来越松散的环境，从而粗心大意的行为越来越多，最终发生重大安全事故，甚至可能导致企业破产。事故发生以后，人们固然能够找出原因，却无法预知导致此事故的风险因素是在什么时候发生作用的，这也就构成了一种不确定性。

3. 可识别性 创业风险固然具有不确定性，但是仍然可识别。企业管理者和员工可通过对创业风险基础理论、作用规律、经验等进行分析，学会风险识别和风险控制。

（二）创业风险的类型

1. 以风险的产生因素不同，可划分为静态风险和动态风险。静态风险是经济社会环境下，因自然不可抗力因素或个人的失误而产生的风险，例如洪水、地震、台风、火灾、车祸等风险事故。动态风险，即因社会经济环境的变动而产生的风险，例如政治政策、经济行情等变化所产生的风险。在实施健康中国的大背景下，医药行业迎来了重大发展机遇。在此背景下，某一药企创业者既可能因行业发展而盈利，也可能因为火灾等因素受损。

2. 以风险的产生后果不同，可划分为人身风险和财产风险。人身风险，即直接作用于人的身体，导致人的伤残、死亡或丧失劳动力的风险，例如意外事故、疾病、自然灾害等造成的人身伤害。财产风险，即风险作用于财产之中，出现财产毁损、贬值等风险结果。任何企业都有财产，并且都需要面对财产损失的风险。

3. 以承受能力的不同，可划分为可承受风险和不可承受风险。从企业的生产经营状况分析，考虑企业自身在资金能力、技术水平、技术资源等方面的综合能力，确定一个可以承受的最大损失限度。以这一限度所代表的主体承受能力限度为标准，低于这一限度的风险即为可承受风险，高于这一限度的风险即为不可承受风险。

（三）创业风险的处理办法

作为一名优秀的企业管理者，必须要树立风险意识，掌握各种创业风险的处理办法才能够有效规避风险或者将风险损失降到最小。一般来说，有以下几种风险处理办法。

1. 预防 即在风险损失发生前，采取一定的具体措施，消除或减少可能引发损失的各种因素，以降低损失发生的概率。现在各种企业非常重视风险预防，经常性开展培训学习，提升全员预防风险意识。

2. 避免 即通过放弃某种活动或者拒绝承担某种风险，设法从根本上回避损失发生的可能性。当某种特定风险的发生概率很高、影响的程度很大，或者处理风险的成本高于收益时，可以选择放弃活动，实现回避。例如，河豚的毒性很强，为了避免河豚中毒事故，创办餐饮店时可以放弃将河豚纳入菜单中。

3. 转嫁 即有意识地将损失的可能性及其后果，转嫁给其他主体去承担的一种风险管理方式，如保险转嫁和非保险转嫁两种类型。保险转嫁，即通过购买保险公司的相应保险，将部分风险转给保险公司承担；非保险转嫁，即除了购买保险之外，通过合同等方式，约定双方各自的责任和权利，将一些创业的风险转让给其他主体的过程。例如，与运输公司签订合同，转嫁运输过程的意外损失。

4. 抑制 即在损失发生时或在损失发生后采取的各项措施，降低损失的程度。在损失程度高，且风险无法避免或转嫁的情况下，可以采取抑制措施。

5. 自留 即对创业风险的自我承担。当风险的发生概率很低、影响的程度很小，并且比起其他的风险处理方法，风险自留的成本更低时，可直接选择自留风险。例如，新疆处于我国的西北内陆地区，受台风影响的概率极小，所以新疆的食品企业，直接自留了当地原料产地遭遇台风灾害的风险。

第四节　适合医学类学生的创新创业类型

▶ **知识拓展**

《健康中国 2030 规划纲要》第十八章规定发展健康服务新业态。我国要积极促进健康与养老、旅游、互联网、健身休闲、食品融合，催生健康新产业、新业态、新模式。发展基于互联网的健康服务，鼓励发展健康体检、咨询等健康服务，促进个性化健康管理服务发展，培育一批有特色的健康管理服务产业，探索推进可穿戴设备、智能健康电子产品和健康医疗移动应用服务等发展。规范发展母婴照料服务。培育健康文化产业和体育医疗康复产业。制定健康医疗旅游行业标准、规范，打造具有国际竞争力的健康医疗旅游目的地。大力发展中医药健康旅游。打造一批知名品牌和良性循环的健康服务产业集群，扶持一大批中小微企业配套发展。

在当前形式下，作为医学生而言，可以通过自主创业、互联网 + 创业等形式开展创业活动。

一、自主创业

（一）自主创业的意义

自主创业是劳动者放弃就业机会，依靠自己的力量优化整合资本、技术、资源、信息等，开展创业活动的行为。医学生自主创业指的是高校毕业生和在校大学生利用自己的才干，根据社会需要创设新的医药卫生健康岗位。

医学生自主创业很有意义。首先可以解决创业者本人及其团队的就业问题，促进社会整体就业。其次，医学生能够充分利用自己的专业知识和医学技能，推动社会和健康中国发展。再次，对实现医学生的自身价值和社会价值有直接的作用。

（二）医学生自主创业的优势

1. 外部的环境优势 全球经济形势趋好，国家鼓励和发扬"大众创业，万众创新"精神，创业环境不断改善与创业意识不断提升。同时，经过突如其来的全球疫情大考，构建起强大的公共卫生体系，维护人民健康是健康中国应有之义，对于医药卫生企业有现实需求。

2. 国家政策不断利好 近几年来，国家和各地政府不断出台有关大学生创新创业的政策文件，在资金、税收、培训、开发、行政等方面给予倾斜和优惠，力度有增无减。

3. 素质水平高 当代大学生作为年轻人群体，整体素质高，专业能力强，有较强的学习能力与接受能力，对各类资讯反应敏捷，敢于去挑战新的事物，无畏的创新与创业精神可以增添持续发展的动力。

（三）医学生自主创业的模式

1. 从企业特点来看，医学生自主创业的基本模式包括以下内容。

（1）成立新的企业，如个人独资企业、合伙企业、公司等。

（2）加盟健康连锁产业，选择有好形象、好品牌的连锁企业进行加盟。

（3）进入具有健康概念的新兴产业领域，如健康平台开发、健康教育宣传等。

2. 从组织形式来看，医学生自主创业的基本模式包括以下内容。

（1）学校和企业共同培养。这种模式将大学生的个人创新创业目标、高校的人才培养、企业的不断壮大三者有机结合，让产学研三位一体。

（2）在电子网络平台上营销。这种在成熟企业管理和营销平台上的自主创业模式可称之为"淘宝模式"，其门槛不高，是许多大学生创业的首选。

（3）风险共担和利益共享的校友合作。大学生以学长或同学作为社会资源，展开各种创业活动。

（4）风投入股的合作。大学生在拥有相当大的竞争力或者发展潜力的新兴产品或技术时，风险投资方将其视为高新技术企业，作为股东进行投资运作。

（5）不定对象的众筹。志同道合的大学生向大众募集资金，开展经营行为，具有多元化、门槛不高、大众性、创意为主的特点。

（四）医学生自主创业的策略

1. 教育体系要将创新创业教育纳入教学计划和学分体系中，从课程体系、评价体系、教学方法等方面进行改革深化。注重前沿学科知识和案例教育，开展创业的研究性和实践性学习与考核。

2. 当代医学生要有乐观自信的心态，要培养不怕失败的创新精神和创业意识。要注重挖掘自己的潜力，尽早开展职业发展规划，调整自己的知识结构和专业技能。同时尽早接触各类创业活动，如不同层级的创业竞赛，积累创业的经验，在实践中提高。

3. 作为系统综合工程的创新创业活动，需要得到社会的尊重、认同和扶持。这包括政府的法律和政策的支持、企业的项目指导和场所提供、创业成功者的引导、各类资金的投入等。

二、互联网+创业

随着时代的发展，互联网应用于学习、生活、工作的方方面面。就创业而言，互联网突破传统的投资收入模式，增加了医学生众多的创业机会，开拓了医学生创业空间和选择条件。同时，优化了医学生的创业结构，引导当代医学生开展智能性、便捷性、个性和科技性的创业。此外，借助云概念的出现，资源信息随时随地进行调配，联系、对接、协调与监督等容易实现，极大提高了医学生创业的成功率。

（一）互联网+创业的模式

1. 互联网+销售　医学生思想新潮，不仅是网民，也是网络购物的经销商，可以利用所学专业特色销售医疗健康产品。

2. 互联网+健康服务　随着网络时代的发展，随时随地提供医疗服务，让患者足不出户享受医疗健康服务，是医学生在创业中经常考虑的创业模式。

3. 互联网＋宣传教育　网络时代的教学更自由、更广泛，分享宣传健康知识，突破了传统的健康宣教方式，用人们乐于接受的方式进行，更能提升健康服务实效性。

（二）当代创业素质培养

1. 提升网络思维　互联网＋时代需要医学生了解网站应用、互联网业务、网页开发等知识，能熟练操作大数据、云计算等。全方位体会互联网＋的基本内涵与发展趋势，认识新时代背景下的企业价值链、市场状况等，提高对互联网技术的学习兴趣与参与深度，随时为创业做好准备。

2. 加强课程设置　高校应将创新创业教育作为必修课开设，规定学时与学分。同时加强培育创新创业基地建设和实践，加强学生、企业之间协调活动，为学生学习网络时代下不同企业的运作创造条件，打好基础。

3. 不断优化政策　落实互联网＋时代下医学生创业的各项政策，预测与分析创业的态势，做好平台工作，提供信息、平台、资金等方面的配套服务。

4. 做好各方联动　医学生家长要眼光开阔，鼓励子女根据具体就业情况进行适当的创业活动。

本章小结

本章对企业组织形式、创办企业流程以及相关的法律问题进行了详细阐释，分析了新创企业的管理内容，探索了适合医学类学生的创新创业类型。通过本章学习，学生能够基本掌握个人独资企业、合伙企业以及公司等不同企业组织形式的法律规定，结合自身情况，判断适合何种创业模式。同时，作为新创企业在管理中容易遭遇许多问题，能够及时对各类问题开展管理，实现企业进一步经营发展。作为医学生而言，在健康中国大背景下，无论是自身还是社会政策环境都有诸多优势，可以积极寻求适合自己的创业道路。

思考题

1. 企业有哪些组织形式？根据法律规定，各个组织形式的设立条件是什么？
2. 企业承担社会责任的意义是什么？
3. 企业创业风险有哪些处理方法？
4. 作为一名医学生，结合自身实际情况谈一谈适合哪种创业模式？

题库

第八章　创业计划及实践

知识目标

1. 掌握创业计划的概念及内容。

2. 熟悉创业计划书的拟定过程。

3. 了解创业计划书路演的准备及注意事项。

技能目标

1. 能系统地运用相关知识制定及完善创业计划。

2. 具备展示创业计划的技巧。

第一节　创业计划准备

案例讨论

【案例】郭昊，北京建筑大学 2015 届毕业生。2013 年 10 月，郭昊创立了北京建筑大学大学生科学技术协会，打造了一个服务大学生创新创业的良好平台。他的团队以创业计划项目"高密度人流场所安全疏散解决方案"，在 2014 年"创青春"全国大学生创业大赛上斩获银奖。创业大赛结束之后，他将就业与创业相结合，扎根公益，自主创业。2015 年 9 月，郭昊成立了北京市第一家由大学生自主创业成立的北京安创空间数据研究中心，作为先行者，尝试开展了"南锣鼓巷安全屏障"项目。该项目从公益角度出发，对南锣鼓巷的建筑保护、文化传承等方面做研究。

【讨论】公益创业注定是平凡但有意义的，郭昊作为一名扎根公益事业的创新创业者，在工作过程中实践"立足专业，服务民生"的专业理念，从他身上你学到了什么？

一、创业计划概述

（一）创业计划的概念

创业计划是创业者准备创立的业务的书面摘要。它用以描述与拟创办业务相关的内外部环境条件和要素特点，对指定创业活动的筹划全方位描述，为业务的发展提供指示图及衡量业务进展情况的标准，是成功创建创业行动的导向和路线图。通常创业计划是市场营销、财务、生产、人力资源等职能计划的综合。

PPT

（二）创业计划的作用

预则立，不预则废。没有创业计划而贸然创业是十分危险的。每一个行动之前都应有一个详细的计划，包括预计、策略、步骤等。仅凭经验就贸然创业，风险不可控。经验不等于计划，只有在对过去的经验总结的基础上做出展望，才是计划。尤其是初次创业，还没有什么经验，就更需要一个完备的创业计划来理清思路，作为行动的向导。

创业计划不仅是创业者的行动指南，也是投资人的第一印象。创业者通过创业计划来展示自己的决心与能力，期望借此获得风险投资者的资本投资，从而实现自己的理想。所以，创业计划的重要性不言而喻。

二、创业计划的拟定过程

创业计划的准备过程实际上就是各种信息收集、整理、分析的过程。预判创业计划在创业过程中遇到风险和突发状况时的可行性及措施。

（一）理清创业思路

创业者从有了创业构思到形成创业冲动和创业热情，再到形成创业决策，并敲定创业方向和方式、产品或服务，对每个创业者来说都是一个挑战。对创业者来说，必须有清晰的创业思路，冷静分析、谨慎决策。想要计划完整全面且细节完美，就需要一步步地做好行动计划。

1. 理清自身条件 创业者要清楚我有什么，能做什么，哪些是我独有的优势能促成创业。创业不一定依靠重大革新创造，优秀的创意不一定有市场价值，要着重思考自己提供的产品或服务能不能达到市场要求，满足市场需求。

2. 确定创业模式 首先要对拟创业项目的商业模式有一个构想，将业务逻辑罗列清楚。其中应包括企业结构，业务所能为用户提供的价值，合作网络和资本关系等。

3. 设置发展目标 创业者要把企业或业务的未来发展描述清楚，让关系人清楚这是一个什么样的企业或业务，知晓其发展前景及方向。计划中要介绍各阶段的目标，包括前期目标、中期目标、远期目标。服务或产品产出最好有一个时间基准，由于市场在不断发展变化，如果需要太久时间，会增加创业风险。

需要注意的是，创业目标不应仅局限于利润，虽然利益很重要，但并不能唯一。不同的时期，不同阶段的产品研发、市场拓展、营销网络、团队建设都应统筹考虑。

4. 组建创业团队 毕竟个体的力量是有限的，当创业者觉得一己之力难以实现目标时，就需要组建一个团队共同创业。成员的选择应该是能互补、共担当，并有一个共同的创业目标。一个好的团队能够聚合互助，每个成员不一定面面俱到，但一定各有所长。

（二）收集创业信息

常言道：军马未动，粮草先行。作为创业准备工作的重要环节，信息的搜集整理尤其重要。信息的采集是运用科学的方法，通过各种途径和办法，有目的、有计划，客观系统地收集、记录、整理并分析行业及具体业务的现状和历史资料，为创业者的决策和管理提供依据。

1. 互联网 已经成为全球化的信息交流平台。创业者可通过网络进行项目各方面信息的搜索和分析，可超越地区甚至国界，获取有用的资料或者数据。此外，还可以通过社交软件、商务网站等建立网络营销，进行信息交流和尝试营销创业。

2. 行业协会 能够向创业者提供特定技术开发与研究成果，有的可以提供教育和培训计划、新技术推广会议和咨询服务，并通过简讯和特别报告传播有用信息，使创业者从中发现新技术、新创意，结合自身的资源确定创业方向。

3. 传统媒体 如行业报纸及杂志也是很好的信息来源渠道，通过阅读行业报纸或杂志中的相关信息，从中了解相关业务的发展及趋势，这对创业者确定目标非常重要。

4. 实地走访 是收集市场信息最常用的方法之一。通过与被调查对象进行直接交流来获取信息。这种信息收集方法主要用于直观了解与用户有关的信息。根据交流方式的不同，调查可以分为谈话调查和问卷调查两大类，前者属于口头交流，后者是文字交流。两种方法各有优缺点，适合不同类型的信息收集。

（三）开展市场调研

1. 信息研究 前期收集来的原始信息，一般都是比较分散零乱的，甚至有些比较片面、不够准确。因此，必须对这些数据按科学的方法和程序进行加工整理，以提取真实、系统的有价值信息。

（1）信息分类 是信息处理工作的基础，也是保证资料科学性的重要条件。将信息按照业务类型、信息特点或调查目的分为若干部分或若干组别。

（2）信息校编 是对收集到的资料进行检查，将其中显而易见的错误和不准确的资料剔除，达到目标信息数据的要求。

（3）信息汇总 应用目前的办公软件处理信息可以大大提高效率，而且可以提高资料的准确性，适合大量、复杂的数据处理。

（4）制作图表 将校对整理过的数据根据调研目的以及重要程度进行分类和统计，用表格或者图表的形式表现出来，方便对比分析，一般制作图表需要借助计算机软件来完成，方便统计且正确性有保证。

（5）校正误差 用抽取的样本得出的分析结果推演总体的状况会出现一定的误差，所以鉴定误差是信息整理分析中不可缺少的一部分。具体可以采取一些方法来进行鉴定纠正，如：采用公式计算标准与可信度、用样本数据与标准数据比对等。

2. 市场分析 是对市场规模、位置、性质、特点、市场容量及吸引范围等调查资料所进行的经济分析。主要目的是研究产品的发展前景，开拓潜在市场，安排好市场区域之间的合理分配。通过市场分析，可以更好地认识市场的产品供应和需求的比例关系，采取正确的经营战略，满足市场需要，提高企业经营活动的经济效益。市场分析包括宏观分析、行业分析、微观分析三个方面。

（1）宏观分析 创业者实施具体业务时，都是处在一定的宏观环境中。宏观环境对经营的影响是客观存在的，而且是企业难以驾驭和改变的。宏观环境因素包括：政治环境、经济环境、文化环境、自然环境和法律等。国家政治制度尤其是政策对企业经营有着重要影响，同时对用户的消费行为、内容和方式也有重要影响；经济增长的趋势、经济环境以及未来经济发展的趋势会影响企业的业务活动；社会文化体现着国家或地区的社会文明程度，影响着用户的思想和行为。关注影响和制约生产经营活动的自然资源、环境保护以及法律限制等信息对新创企业尤为重要。企业应进行这些方面的调查，了解宏观环境的各种相关因素及其对企业的影响，找出积极主动且与之适应的措施，避免与周围环境相冲突，以保证生产、经营活动的顺利进行。

（2）行业分析　行业直接影响企业的生产经营活动，企业是在行业内生存发展。一个行业的属性以及它的变化趋势，往往都会决定该行业未来的前景。对于市场是新兴型还是夕阳型、新的竞争者数量、消费者需求可能发生的变化等重要问题，创业者必须深入考察调研并认真分析，以便预测产品所能达到的潜在市场规模及发展方向。

（3）微观分析　创业微观环境是指顾客、竞争者、营销渠道和有关公众等对企业营销活动有直接影响的各因素。创业者可以通过对行业、科学技术、顾客和消费行为的变化趋势的前瞻性判断，借助市场调查与预测分析工具对消费市场的调查研究，发现顾客潜在需求和变化趋势。

> ● ▶ 知识拓展
>
> 业界分析是对企业竞争状况的细致考察，它有助于企业了解竞争对手的定位，以及在一个或更多领域中能带来竞争优势的机会。竞争者可以分为直接竞争者（提供相同或相似产品的产业）、间接竞争者（提供与本企业相近的替代品的企业）、潜在竞争者（在某些时候可能变为企业直接或间接竞争者）等。
>
> 营销渠道就是商品和服务通过生产者向消费者转移过程中的具体通道或路径。在创业过程中，营销渠道的设计与创新直接关系到创业的成败。目前许多创业公司的成功，在一定程度上得益于营销渠道。所以应根据公司的产品或服务的特征，制定营销渠道策略。

PPT

微课

第二节　创业计划书撰写

创业计划书是指在创业初期，创业者根据自己的创业计划所拟定的关于企业创立与运营的整体规划方案的专业书面文件。用来描述创办一个系统业务时所有相关的内外部因素，即创业者在将创业想法付诸实践之前或创业中，基于前期细致周密的策划、科学深入的调研，包括前景展望、人员、资金、物资等各种资源的整合，是对项目进行全面说明的一份战略预案。

对于创业者来说，专业全面的创业计划书不仅是寻找投资的重要工具，也是创业者对自身现状及未来发展战略谋划和定位的重要资料。

一、创业计划书的内容

根据创业内容的不同，创业计划书的结构和格式也会有些许差异，但在基本内容上还是有极大相似之处的，也会有一定的成文规范。创业计划书一般包括封面、目录、主体内容和附录附件。其中主体内容由以下几部分组成。

（一）摘要

摘要或者说执行概要是一份创业计划书的精华所在，可以把它看作是一份精简版的创业计划书。由于投资者时间和精力有限，不可能把每一份创业计划都仔细研究，通常他们会先阅读摘要部分，通过从中获取的信息来判别是否继续考虑这份创业计划。所以说，虽然摘要是创业计划书最后完成的部分，却是最先被看到的内容，其重要性不言而喻。

摘要有三个特点，即有限篇幅、内容重要、简明生动。同时具有七个关键元素：单刀直入说明创意、问题剖析精准到位、解决方案细致明了、市场优势明显、模式可持续发展、值得信赖的团队、系统稳定的管理及财务承诺。

从内容上,摘要应具有以下七点信息。

1. 企业概况 企业的名称、地点、结构、规模及发展计划。尽可能用精炼的文字介绍企业的基础和背景,阐明优势。

2. 产品及服务 产品及服务的功能、与竞争对手的不同之处、特征及理念。

3. 市场分析 目标市场的定位、市场潜力、机会与风险等,着重阐明优势和特点。如果是新创企业,还要列举发展障碍及策略。

4. 营销策略 定价体系、促销推广手段、销售目标及计划、递进策略等。应着重阐明进入目标市场的时机、方式及推广、销售方式。

5. 团队组织与管理 介绍关键管理角色的人员情况、组织架构及职责分工、人力资源规划。

6. 财务计划 提出资金分配计划,预估收益及可能的损失,并提出应变策略。

7. 风险分析 简明分析内外部风险、可能的失衡状况及投资人所关心的其他风险分析。

(二)企业介绍

创业企业的介绍主要包括企业的成立和经历、企业组织架构、企业文化、业务性质和展望,篇幅不宜过长。

在企业概述中,要让审阅者直观的了解企业的当前发展程度,可以根据企业发展的重大事件来划分阶段;要通过一些细节,例如公司名称、选址的确定等进行真实的描述;还要涵盖公司业务的发展史,主要介绍创意的产生,如何生产及何时生产产品和服务,以及现在所处的发展阶段等。企业文化可以体现企业的价值观、道德观、行为规范标准和企业形象,主要包括企业的商标、口号、理念宗旨等。

(三)产品与服务

在介绍产品与服务时,创业者对产品与服务的说明要准确详细并通俗易懂,明确其优势。具体细分为以下三部分。

1. 基础介绍 描述产品或服务的名称、特征及功能。应包含设计理念和前景预测。

2. 产品与服务的价格 对产品与服务的价格、定价基础、毛利及利润等进行简要说明,让审阅人认可此价格在逻辑上是合理的,使他们明白:项目是能被市场接受的,有很强竞争力,投资该项目能够获得巨大收益。

3. 独特性与优势 创业计划书需要对产品或服务有详细的阐述,细致描述其独特性与优势。投资者在进行项目评估时,最为关注创业企业的产品或服务的实用性,或者说能否帮助、满足用户,同时增加收益。因此在介绍产品与服务时通常要面对这些问题:用户希望通过产品或服务解决什么问题,能获得什么好处?与竞争对手相比有哪些优势?前景和竞争力如何?企业为项目做了哪些计划来保障产品或服务持续的改进?

企业产品或服务的市场潜力和发展前景是决定企业价值的重要标准,投资者对投资价值的评估首先就是从产品或服务开始的。因此在创业计划中,与产品或服务有关的细节,都要翔实的展现出来。

(四)行业与市场分析

行业与市场分析是对创业项目进入产业和市场的整体分析,包括产业和市场规模,分析自身在行业内如何生存发展，及未来的趋势。创业者应向投资者提供企业在行业中的导向，并重点说明影响行业发展的关键因素。

用数据说明整个市场的状况，包括市场现状、目标顾客、企业的市场地位和未来预期等。清楚地说明要将产品或服务卖给谁，有哪些潜在客户，细分市场从而明确市场定位。在市场分析中，一定不能主观臆断，一定要用数据说话。

列出竞争对手，如果没有，也要对潜在替代品或竞争对手进行预估。进行竞争力调查，了解对手的优势劣势。调查包括：质量、性能、价格，与市场上其他企业对比，还要对比企业生产水平和经营特点。通过图表等形式的描述和比较，让投资者确信创业企业的策略。

（五）营销计划

营销计划是企业以用户需求为起点，为用户提供令其满意的产品和服务为目标，依托市场调查等基础，开展推广和销售活动。营销计划的重要性在于让投资者相信创业企业的盈利能力。

1. 总体营销策略 结合前面市场分析，明确企业的定位，并对企业的策略和差异点进行说明，特别说明企业的自身特色。此处并非具体的营销策略，而是一种理念。

2. 产品策略 区别在产品与服务部分的内容，此处主要阐述营销方面的策略。例如，产品组合策略、企业品牌策略、产品包装策略等。

3. 定价策略 价格是影响企业在市场上的竞争地位、销售业绩和经济效益的重要因素。所以这部分要对产品或服务的定价方法及原因进行说明。影响定价策略的因素有需求、竞争、成本等。

4. 渠道策略 产品或服务从企业送达到用户手中的路径称为渠道。这部分需要说明谁来负责销售，具体是什么渠道，有代理、批发、直销或者分销，同时说明选择相应渠道的原因。

5. 促销策略 顾名思义就是促进销售的策略，是企业用来支持销售并提升品牌形象的具体策略。创业者需要在促销的目标和促销的生命周期两个方面进行考虑。例如通过广告、公共关系或其他促销关系来寻找销售机会，接触消费者，进行销售演示，从而完成销售。

（六）团队组织与管理

投资者在选择项目时，会非常关注创业团队的组成和素质。所以在创业计划书中需要清晰阐述以下三个问题。

1. 关键管理角色的人员情况 首先要对关键人物进行介绍，一般来说就是管理团队。展示介绍成员的简历，包括年龄、教育背景、从业经历等关键信息，并说明成员之间的责任划分。

2. 组织架构及职责分工 企业架构应由相应图表来展示，让投资者直观了解企业的业务部门、职能机构运作流程等，从而考察结构模式及人员配比是否合理。

3. 人力资源规划 一个企业要想长远发展，必须要对员工的发展进行规划，以人为本。其中包括人才需求计划、招聘培训计划、奖惩机制等。

（七）财务分析

财务分析是创业计划书中的量化部分，也是创业计划的核心部分之一。投资者将财务分析作为判断项目是否会最终赢利的重要信息。这部分写作相当专业，其最终分为两个目标：①说明融资需求；②展示企业财务状况及获利能力。

（八）风险分析

投资者在向创业项目投资前总想尽可能多的搞清楚企业可能面临的风险种类、大小及如何降低或防范风险。创业者需要将这些情况预估并说明企业将如何控制风险，以证明企业具有较强的抗风险能力。

二、创业计划书撰写要求

优秀的创业计划书往往能够引起潜在投资者的特别关注。如果创业计划语言组织流畅、充满斗志和睿智，有科学严密的调查数据支撑，那么投资者很容易把这些优点和创业者本人的能力联系起来，从而变为加分项。为使创业计划书脱颖而出，并最终获得投资，创业者应做到：使创业企业具有价值，并拥有高素质可信赖的管理团队；认真负责、科学严谨地按规范的格式进行编撰和准备创业计划书；创业计划书的摘要应简洁明了，有理有据。

（一）计划书简明清晰

投资者并没有充足的时间和精力去阅览所有创业计划书，他们可能会通过创业者对企业业务的描述做判断。因此创业者对创业企业及业务的介绍务必简洁、结构清晰。一般创业计划书的篇幅内容（不包含附录）不超过 50 页 A4 纸为宜。

（二）排版装订专业

目录、正文、附录、图表部分的合理编排及美观整洁，是高质量的创业计划书的表现之一，要尽量做到专业，一定不能出现语法、印刷及拼写错误。

（三）捕捉读者兴趣点

要想在有限时间内激发投资者的兴趣，让他们产生强烈的感受，就要在摘要上下足工夫，把它们写好。

（四）计划充满前景

创业者在写计划书时要恰当使用激励人心的词汇来描述企业的发展势头和前景，说明产品所蕴含的巨大市场潜力和即将带来的可观利润。

（五）避免夸大其词

市场潜力、收入预测估算、发展潜力都不要夸大，好的创业计划书一定是可以说服投资者的。一份计划书写得像一份激昂的文案，其可信度会大打折扣。事实上，许多投资者常使用一种"计划折扣系数"，认为新创企业通常只能达到他们计划财务目标的大约50%。

（六）阐明风险因素

创业计划书中涉及的风险评估是投资者比较关注的部分。在创业计划书中，既要说明创业者具有危机管理能力，也要让他们察觉到某些风险，最终让投资人相信创业团队是可以驾驭这些风险的。

（七）准确描述市场

撰写市场评估分析时，应把如何细分目标市场描述清楚。目标市场是企业利润的来源，这部分计划是营销、财务等计划能否表达清楚的关键。

（八）不断检查修正

好的创业计划书在于不断的修改，很少能够一次完成。在修订的过程中，应该认真征求创业计划小组以外人士及专业顾问的意见以增强计划的可读性和规范性。

PPT

第三节 创业计划路演

案例讨论

【案例】2018 年 8 月 11 日下午，在内蒙古民族大学的一间教室里，来自四川农业大学的大三学生张艺琳为在场的专业评委、天使投资人和 100 多位观众介绍着一项崭新的生物技术。她也是 2018 年全国大学生创业实训营（第三期）的营员。如果她介绍的技术可以大规模投产的话，很可能会对一个行业带来颠覆性的影响。天使投资人、云投汇创始人董刚对这个项目给出了好评。他最欣赏这种有核心技术与专利作为支撑的项目。

"我们前期对路演准备的东西很多，仅在学校就答辩过 20 次，每一次都会大改。"正是这种精益求精的态度，让这个年轻的创业团队赢得了青睐。张艺琳的项目是当天下午在现场进行路演的 20 个优秀创业项目之一。每一个创业项目的路演，都展现出了独特的闪光点。

【讨论】项目路演的本质是在有限的时间里传递最有效的价值。有效与否的关键，其实是你能否得到评委或投资人的青睐，让他们刻骨铭心，或者直接投资你。那么，如何才能做好项目路演呢？

一、路演的概念

路演，是英语 road show 的直译，最初是国际上广泛采用的证券发行推广方式，指证券发行商通过投资银行家或者支付承诺商的帮助，在初级市场上发行证券前针对机构投资者进行的推介活动。是在投资、融资双方充分交流的条件下，促进股票成功发行的重要推介、宣传手段，促进投资者与股票发行人之间的沟通和交流，以保证股票的顺利发行，并有助于提高股票潜在的价值。

简言之，路演是指通过现场演示的方法，引起投资者的关注，使他们产生兴趣，最终实现创业；也是通过进行演说、演示产品、推介理念，及向他人推广自己的公司、团队、产品、计划的一种方式。

二、路演的功能与目的

路演有两种功能，一是宣传，让更多的人知道；二是通过现场销售，增加目标人群的试用机会，让目标经销商明白市场如何操作。

路演的目的是促进投资者与创业者之间的沟通和交流，以保证创业项目获得投资。通过路演，让企业达到了招商的目的，得以快速启动市场。实现路演过程不是最终目的，招商才是目的。

三、路演前的准备

（一）打印商业计划书

商业计划书要求内容完整、格式规范；图文并茂，多用表格与数据；字数要适当，不能过多

医药大学堂
WWW.YIYAODXT.COM

或过少；不要出现文字或格式上的低级错误。

商业计划书的执行概要是评委或投资人关注的重点，执行概要内容包括：公司的经营内容、产品或服务以及它解决了用户的什么问题；公司的商业模式；公司所处行业及细分领域、市场规模及发展前景；公司相对于竞争对手的核心竞争优势；创业者和核心管理团队的背景及曾经取得的相关成就；公司的财务状况和对未来财务的预测。

（二）制作路演 PPT

路演 PPT 的内容要与商业计划书保持一致。制作 PPT 时需要注意的是：用词不能有错别字，词语必须前后关联；减少不必要的动画效果；便于制成格式；注意配色、图表文字搭配和谐统一；能用图，少用表格，能用表格，少用文字，切忌用大段的文字；每页中的内容不要过多，保证必要的信息量即可；外观尽量丰富多彩，避免观众产生视觉疲劳。

（三）其他准备

有的项目需要现场提供产品或服务的样品，例如：一个开发的软件或一套设计的包装。有的比赛要求提供一条有关项目介绍的短视频（VCR），此外还需准备 30 ~ 60 秒的开场白、路演 PPT 全部文稿、问题答辩数据库等。

四、路演演讲及答辩

（一）演讲

一般由项目创始人或公司 CEO 担任路演项目的主讲人，如有特殊情况，可由其他成员主讲。路演时，主讲人着装要得体，妆容和发型要适合，要控制好自己的语速，充分运用可用的时间。如想达到较理想的演讲效果，主讲人应事先熟悉文稿，演讲文案需反复斟酌，要注意 PPT 展示与演讲的配合，并适当地加入一些肢体语言，通过不断地全过程演练，对演讲稿、路演 PPT 和演讲过程进行更高要求的打磨，直到找到最佳状态。

（二）答辩

主讲人应作为问题的第一回答人，如果主讲人实在不能回答某问题，则由其他团队成员来回答该问题。回答问题时要直接回应，尽量简洁明了，切勿绕弯子、答非所问。如遇到难以回答的问题，态度要诚恳谦虚、实事求是，虚心向专家评委学习请教。

路演答辩中常见的问题有：项目核心价值；项目主体内容；潜在客户的目标要求；项目对潜在客户的短期和长期价值；项目对投资人的预期与长期价值；项目的投资回报计划；项目的竞争对手及市场竞争策略；项目团队的情感深度与契合程度；团队运营项目的核心能力；宏观政策与社会形势对项目的有利因素；项目风险的概率与规避方法；项目运营的稳定性与持续性。

（三）路演过程中的注意事项

1. 时间把控 在规定时间内，完成展示准备好的路演 PPT，尽量不要超时。

2. 条理清晰 针对投资人提的问题条理清晰的分条目作答。同时，也不要滔滔不绝回复投资人的问题，使对方抓不住重点，要简明扼要。

3. 大方得体 进行展示的成员，表达、仪表要大方得体，给评委留下好印象。

4. 坚持立场 有些项目在路演答辩过程中，团队成员可能会觉得自己选错了方向，项目方向可以微调，但是不能轻易改变自己的立场。

5. 虚心请教 路演过程中投资人的很多问题不一定能回答上来，可以向投资人请教，不要盲目自大。

∞ 知识链接

路演 PPT 主要内容

路演 PPT 首页包括项目、名称及其他信息。项目名称尽量用一句话描述，例如，"小米电视：主打年轻人的第一台电视""阿里巴巴：让天下没有难做的生意"。其他信息包括参赛组、参赛省份、所属高校、联系人姓名及联系方式等。

一、分析行业背景和市场现状—Why/How？（1 或 2 页）

建议多用数据或案例说明。

二、讲清楚要做什么 – What？（1 页）

用一两句话讲清楚准备做什么事，最好能配上简单的上下游产业链图（或产品功能示意图、简要流程框图等），让人对要做的事情一目了然。

三、如何做以及现状 – How？（6 页左右）

1. 讲清楚有什么样的解决方案或产品，能够解决什么痛点（市场需求点/机会点），提供了什么功能或服务。

2. 要有清晰的目标用户群定位。

3. 说明产品或解决方案的竞争力。

4. 说明未来如何实现盈利，即商业模式。

5. 对竞争对手的产品进行比较分析。

6. 提出产品/解决方案的研发、生产、市场、销售等环节相关策略。

7. 说明目前阶段已经达成的相关指标。

四、项目团队 – Who？（1 或 2 页）

1. 团队的人员规模和组成。

2. 团队主要成员的分工、背景和特色，个人能力与岗位的匹配度。

3. 团队的核心竞争优势。

五、财务预测与融资计划 – How Much？（1 页）

1. 未来 1 年左右项目收支状况的财务预估。

2. 未来 6 个月或 1 年的融资计划。

3. 目前的估值及估值逻辑（估值逻辑需说明是基于市盈率×利润，还是基于市销率×销售收入，还是基于对标估值等方式）。

4. 路演前的项目融资情况。

建议不必写未来 3 年甚至 5 年的财务预测，除非是已经非常成熟的项目。

第四节 创业计划大赛

PPT

💬 案例讨论

【案例】 在第四届中国"互联网+"大学生创新创业大赛总决赛中，厦门大学"贵在互联"项目荣获金奖。2015年团队成员创立了"贵在互联"，主要做即时物流的配送。目前，"贵在互联"为阿里巴巴旗下饿了么城市运营商，在实现横向地域快速扩张的同时，又布局纵向独立产业链协同发展。该项目业务涉及省内10余县市，年流水4.2亿，直接带动就业人数3000人，直接服务商户数1.5万家。谈到公司的成功，CEO苏令相说："选择比努力更重要，在创业初期对项目的选择与评估，决定了你后续的路能走多远，决定了你后续的成与败。"他还建议要做好规划，"不一定要定得多远，但是可以以每月、每周、每天为周期，做好当下的规划，做出对当下最有利的选择。"

【讨论】 从"贵在互联"项目及其CEO苏令相身上你学到了什么？你参与过创新创业比赛吗？请谈一谈你的感受。

一、创业大赛介绍

合抱之木，生于毫末；九层之台，起于累土。目前，面向大学生的创业大赛非常多，国家级的有"创青春"全国大学生创业大赛和中国"互联网+"大学生创新创业大赛，这两个赛事主要采用校级初赛、省级复赛、全国总决赛三级赛制。此外，大学生还可以参加各级政府、社会团队、新闻媒体、企业等举办的各类创业大赛。

（一）"创青春"全国大学生创业大赛

"创青春"全国大学生创业大赛由中共团中央、教育部、人力资源和社会保障部、中国科协、全国学联和地方省级人民政府共同主办，是"挑战杯"中国大学生创业计划竞赛的改革提升。2013年11月8日，习近平总书记向2013年全球创业周中国站活动组委会专门致贺信，特别强调了青年学生在创新创业中的重要作用，并指出全社会都应当重视和支持青年创新创业。党的十八届三中全会对"健全促进就业创业体制机制"做出了专门部署，指出了明确方向。为贯彻落实习近平总书记系列重要讲话和党中央有关指示精神，适应大学生创业发展的形势需要，自2014年起多部门联合组织开展了"创青春"全国大学生创业大赛，每两年举办一次。

（二）中国"互联网+"大学生创新创业大赛

中国"互联网+"大学生创新创业大赛由教育部、中央网信办、发改委、工信部、人社部、知识产权局、中国科学院、中国工程院、共青团中央和地方省级人民政府共同主办。大赛旨在深化高等教育综合改革，激发大学生的创造力，培养造就"大众创业、万众创新"的主力军；推动赛事成果转化，促进"互联网+"新业态形成，服务经济提质增效升级；引领创新驱动创业、创业引领就业，推动高校毕业生更高质量创业就业。

"互联网+"，让年龄、资历这些从前拦住青年的门槛，变成助力他们腾飞的力量。从5年前20万名大学生敢为人先，到2019年457万人跃跃欲试，中国"互联网+"大学生创新创业大赛

医药大学堂
WWW.YIYAODXT.COM

自 2015 年开赛以来，五届累计 947 万名大学生踊跃参与，书写奋斗的青春之歌。2020 年第六届中国国际"互联网＋"大学生创新创业大赛以"我敢闯、我会创"为主题举办。

数据显示，大赛为大学生持久创新创业提供了良好助力，以赛促学、以赛促创效果显著。近 5 年我国有 265 万大学生实现了创业，2017 年首次登记注册的大学生创业者 64.5 万人，比 2013 年增长 80%。

二、大学生参加创业大赛的意义

大学生创业计划大赛不是普通意义上的、单纯的、个人的或是集中在某个专业领域的学生竞赛，而是以实践技术为基础、优势互补的跨学科的团队之间的综合较量。从某种程度而言，创业计划大赛有助于实现高校与社会、大学生与商业企业之间的沟通与交流。从参赛团队和投资人的角度，大赛不仅仅搭建一个角逐的平台，更是初创项目融资的重要路演推广平台。大赛推动教育界与科技界、产业界、投资界深入融合，将高校的学术资源、技术资源、项目资源与企业和投资机构的金融资源、市场资源、社会资源等精准对接，成为产学研用紧密结合的关键纽带。

（一）学习创业相关知识

在撰写创业计划的过程中，参赛者一般可以通过大赛提供的相关培训、学习、交流等机会，全面系统地接受创业者所应具备的知识和技能训练。通过参加比赛，参赛者可以获得对产品或服务从构想变为现实的整体把控。在完成创业计划的过程中，沟通交流能力、组织协调能力、说服能力等得到提升。在接受挑战的过程中，增强创业的勇气、信心和能力。

（二）培训创业团队成员

通过参加各种比赛，可以结识未来事业上可以合作的伙伴，参赛小组的成员在未来是很有可能形成合作关系的，进而开创成功的事业。在这个过程中，团队可以得到磨合，还可以磨炼团队能力，形成创业凝聚力。参赛者将体验到在比赛过程中相互激励的力量、交流中灵感火花的奔放以及分享成功时的喜悦。在这一过程中，参赛者会感受到团队精神的力量，培养创业精神。

（三）积累商业媒体资源

参与比赛的，不仅仅是选手，还会有风险投资家。一些风险投资家将对具有实际运作价值的作品进行投资可行性分析。参赛者可以向风险投资家充分展现自己的产品或服务的潜在市场前景，为进一步创业赢得融资。同时，很多新闻媒体对创业大赛比较关注，可以通过媒体平台向社会推荐自己以及创业企业的整体形象，为未来创业搭建良好的媒体资源平台。

（四）优化完善创业计划

比赛的过程就是从设计、论证到实施、优化完善创业项目，一直到实施方案的整个系统过程。在比赛中，有创业团队的精心参与，有指导老师的专业指导，有大赛评委的独到点评，有各参赛团队和参赛项目的交流，这些都将具有其他形式所不具备的创业论证优势。

三、创业团队训练

创业计划大赛的参赛者不一定就是即时创业者，大多数的参赛学生主要是通过参加创业竞赛来培养和提升创新、创意、创造、创业的意识和能力。

（一）遴选创业团队队员

1. 基于创业计划书撰写角度的遴选　在参加学校内部预选赛时，学生团队大多是由相对熟悉的同学组成的，有的就是同一个系部、专业甚至是同一个班级的。在创业计划书的内容设计上，由于参赛者知识结构较单一、存在短板，常常表现为团队成员熟悉的内容篇幅较长，不熟悉的内容篇幅少或缺失、缺少科学性。

从参赛队员知识结构角度来看，在组建团队时，应涉及以下几个方面。

（1）企业管理相关知识　要熟悉现代企业管理知识，能拟定项目发展战略，组建公司组织结构、管理团队，评估创业风险并设计规避措施。

（2）市场营销相关知识　能够描述本公司经营环境以及其中存在的机遇与挑战，通过调研了解产品或服务相关的市场发展现状和发展前景，做好市场分析、找到目标市场、把握市场定位，从而设计出相应的营销策略。

（3）产品及服务所涉专业技术　能清楚阐述多个解决方案之间的技术方面、可预见性、成本、适用性等方面的差异，精准定位产品或服务，明确优势及其技术基础。

（4）运作运营相关知识　可以选择适合公司的地址，对生产经营所需设备种类、数量有全面把握，合理布局所需空间，准确把控生产周期，了解所涉及的上游材料及其供应渠道，根据市场需要和公司战略制订生产计划。

（5）财务相关知识　能够测算新创企业运营所需的各项资金，知道如何筹集企业资金并规划各种来源的资金比例；会计算新创企业运营中的各种成本；编制专业的财务报告并解读各个财务指标。

2. 基于创业计划书陈述角度的遴选　各竞赛对直接参赛的核心队员均有人数要求，一般不超过四名队员。建议配足配强创业计划赛场上参赛队员，关键岗位如担任技术、营销、财务工作成员必须参加。如果参加比赛的创业者对项目各方面都很熟悉，上场人数可根据实际情况确定。

此外，还可以根据展示时间限制确定上场人数。如果陈述时间在3分钟以内建议只派1名队员，4~8分钟可派2名队员，10分钟以上建议选派4名队员陈述。如创业者演讲风格十分突出、独具个人特色，并熟知项目各项情况也可由一人陈述。

3. 遴选创业大赛参赛团队指导教练　参赛团队可邀请风险投资者、管理类相关教师、会计类相关教师担任指导教练，其主要任务是选拔提炼创业团队、遴选参赛项目、指导创业计划撰写等。指导团队也可以由多个教师共同组成教练组，并邀请与产品或服务相关专业的教师加入。为便于指导工作，主教练最好由一个风险投资者或者经管类相关专业教师担任。

（二）训练撰写创业计划书

初赛是对创业计划书文本的初审，只有通过了初审才可以进入下一轮比赛，因此文本的制作尤为重要。对参赛队员撰写创业计划书的训练可以重点通过以下几个方面完善。

1. 企业概况　企业的名称、地点、结构、规模及发展计划。尽可能用精炼的文字介绍企业的基础和背景，阐明优势。

2. 制定方案　列举目前现有的解决方法；根据项目指标，对比各种解决方案的优缺点，特别是各解决方案是否存在特定群体不可容忍的劣势；将所提供的项目解决方案与现行方案进行比较，发掘最具价值的"解决方案"。

3. 市场分析　目标市场的定位、市场潜力、机会与风险等，着重阐明优势和特点。如果是新创企业，还要列举发展障碍及应对策略。

4. 营销策略 定价体系、促销推广手段、销售目标及计划、递进策略等。应着重阐明进入目标市场的时机、方式及推广、销售方式。

5. 财务计划 提出资金分配计划，预估收益及可能的损失，提出应变策略。

6. 风险分析 简明分析内外部风险、可能的失衡状况及投资人关心的其他风险分析。

（三）陈述和答辩训练

创业计划书陈述和答辩训练包括以下几个方面。

1. 陈述词的精炼 创业团队参赛队员需根据创业计划内容、比赛的时间要求等撰写创业计划书陈述词。陈述词的字数可根据陈述时间和主讲人语速确定，每分钟220~250字为宜。训练时，陈述时间可以比比赛限时稍短一点，以保证比赛时可以应对突发状况。陈述时，语言流畅、逻辑清晰。

2. 展示创业计划的技巧 幻灯片内容展示要以预定的陈述时间为限。幻灯片内容简明扼要、通俗易懂，不追求面面俱到，但要强化重点，着重利用好投资者可能感兴趣的部分。

（1）机遇 陈述的核心内容，阐明未满足的需求和尚待解决的问题。

（2）策略 企业将如何解决问题或如何满足需求，该项内容一般为2张幻灯片。

（3）团队 用1或2张幻灯片简要介绍项目成员的特长、分工。

（4）市场 用1或2张幻灯片介绍项目即将进入的产业及目标市场状况。

（5）竞争 用1或2张幻灯片简要介绍竞争者情况，并详细介绍项目如何与目标市场中的现有企业竞争。

（6）财务 用2或3张幻灯片介绍企业投资及资产分配使用计划，如何盈利，如何实现现金流持平，简要说明。

∞ 知识链接

现场答辩与反馈

创业者要敏锐地预计投资者可能会提出的问题，创业者可以提前做好准备。投资者可能会用很挑剔的眼光看创业计划，这时创业者可能会很泄气。其实，投资者仅仅是在做分内的事情，提出的问题可能会有很大的帮助，会给创业者很大的启发。回答问题阶段非常重要，此时投资者往往考察创业者是否挖掘到问题的本质，以及对新创企业了解多少。

创业者现场回答投资者的问题时要注意：

（1）对投资者问题的要点准确理解，回答具有针对性而不是泛泛而谈；

（2）能在投资者提问结束后迅速做出回答，回答内容连贯、条理清楚；

（3）回答问题要准确可信，建立在准确的事实和可信的逻辑推理上；

（4）特定方面的充分阐述，即对投资者特别指出的方面能做出充分的说明和解释；

（5）符合整体答辩的逻辑性要求，陈述和回答的内容有整体一致性；

（6）团队成员在回答时有较好的配合，能协调合作、彼此互补，对相关领域的问题能阐述清楚。

PPT

第五节　创业实践

一、计划的重要性

让学生在黑板上分别画出长度为 0.5 米、1 米和 2 米的直线。画好后，让学生猜哪些线的长度最接近准确。用尺子现场测量，告知结果。然后，让学生分析、思考原因。

活动总结：一般来说，越短越好把握，越长误差越大。由此引出计划的重要性，并总结计划写作的步骤与方法。让学生理解：以明确目标，定明确计划；以明确计划，定行动方案，以行动方案，定有效方法；以有效方法，见实际效率；以实际效率，见目标结果。

二、分析商业计划书——白云壹生

第一步，每 5~7 名同学为一组，每组同学展开讨论，利用自己对商业式相关理论的理解来分析、解剖企业的商业模式，并讨论案例的优势及劣势。

第二步，在上述讨论的基础上，小组成员商讨针对这一商业模式进行修正和完善，并总结该模式的启示及可供借鉴之处。

另外，可以选取几组在课堂上进行展示、讨论，其他同学做评委，对讨论进行打分并可以补充发言。其他小组讨论可以利用课外时间。

三、撰写创业计划书

每 5~7 位同学为一组，每组选取一个自己感兴趣的创业项目，运用本节介绍的撰写创业计划书的相关理论制作一份创业计划书，要求内容完整，计划贴合实际切实可行。完成后，可由学生互评，评选出"最佳创意奖"和"最佳计划奖"。

四、创业计划路演

通过前一个实训练习，同学们已经有了项目、团队，评估了风险，论证了资源，设计并验证了商业模式，现在小组写一份简版的创业计划（路演 PPT）。

（一）拟定策略

认真思考并讨论创业计划的路演策略，确保自己掌握了创业项目的所有信息，然后凝练出创业计划的各个要点，以此来做路演训练。

（二）路演展示

各小组同学们的"CEO"代表自己的创业团队陈述项目计划，进行路演展示比赛，时间不超过 7 分钟。请注意，你们准备用什么样的方式和策略去打动评委投资人，引起评委投资人的兴趣，进而获得融资机会呢？

（三）路演评估

各组依次展示后，请参照"演讲评估表"（表 8-1）进行评估比较，同时完成对每个演讲的评估。

表 8 - 1　演讲评估表

项目	标准	评分	评论
创意	简洁清晰地描述出产品或服务		
市场	明确描述初始目标市场及规模		
需求	清晰陈述并理解问题或机会匹配		
商业模式	明确理解各个要素		
差异化	已经识别并证实了某些与目标顾客共鸣的独有特征		
团队	团队具备所需的技能、资源和经验		
资金	融资计划是合理的，识别到了具体数量的资金需求		

（四）讨论与反思

针对每个路演，讨论以下问题：

1. 能否描述产品或服务及如何发挥作用？

2. 目标顾客及要解决的问题是什么？

3. 这是个好机会吗？

4. 该项目或产品是独特的，或与竞争产品以及其他替代产品相比所具有的优势？

5. 项目计划如何赚钱？

6. 团队的技能与企业的需求一致吗？

7. 启动新企业需要哪些资源？

8. 在给定的时间范围内，演讲者如何改进演讲内容和沟通方式？

本章小结

创业是个人理想的进阶，也是个人实现自我价值的一种途径。在经济快速发展和社会转型加速的今天，我国迎来了新的创业浪潮，鼓励大众创业、万众创新成为了宏观调控政策下的必然，这赋予了有梦想的人各种机遇。专业全面的创业计划书不仅是寻找投资的重要工具，也是创业者对自身现状及未来发展战略谋划和定位的重要资料。通过对创业计划的准备、创业计划书的撰写以及如何进行创业计划路演的认真学习，掌握创业计划相关知识，借助专业知识理性选择、认真思考，才能最终把握机会。掌握较为专业的计划书撰写技能和路演技巧，可以起到事半功倍的效果。

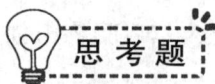

思考题

1. 如何判断一个创业计划是否可行？

2. 你认为在创业计划过程中最难的部分是什么？

3. 如何做好参加创业计划大赛的准备？

4. 撰写一份完整的创业计划书。

题库

医药大学堂
WWW.YIYADXT.COM

参考文献

[1] 罗晓彤. 大学生创新创业基础 [M]. 成都：四川科学技术出版社，2018.

[2] 张铭钟. 大学生创新创业基础 [M]. 徐州：中国矿业大学出版社，2018.

[3] 李成钢. 创新创业基础 [M]. 北京：中国纺织出版社，2019.

[4] 杜鹏举，罗芳. 大学生创新创业基础 [M]. 北京：中国铁道出版社，2018.

[5] 张迎，王传刚. 大学生就业与创新创业教程 [M]. 北京：人民邮电出版社，2019.

[6] 石智生，张海燕. 大学生创新创业教程 [M]. 北京：人民邮电出版社，2019.

[7] 唐丽. 大学生创新创业基础 [M]. 北京：化学工业出版社，2018.

[8] 蔡立雄. 大学生创新创业基础 [M]. 北京：北京大学出版社，2018.

[9] 伊芃芃. 大学生就业与创业实训教程 [M]. 北京：现代教育出版社，2018.

[10] 李国强，刘君. 大学生创新创业基础 [M]. 北京：机械工业出版社，2019.

[11] 周银平. 大学生创新创业教育 [M]. 北京：高等教育出版社，2018.

[12] 吕森林，申山宏. 创业从一份计划书开始 [M]. 北京：电子工业出版社，2019.

[13] 刘向东. 投资人喜欢这样的商业计划书 [M]. 北京：中国铁道出版社，2019.

[14] 梅强. 创业计划 [M]. 北京：高等教育出版社，2018.

[15] 周苏，褚赟. 创新创业：思维、方法与能力 [M]. 北京：清华大学出版社，2018.

[16] 李国强，刘君主. 大学生创新创业基础 [M]. 北京：机械工业出版社，2019.

[17] 吴亚梅，龚丽萍. 大学生创新创业教程 [M]. 重庆：重庆大学出版社，2018.

[18] 郑楠，闫贤贤，黄卓. 大学生创新创业教育 [M]. 北京：北京理工大学出版社，2018.

[19] 苒鸿岩，戴斌荣. 当代大学生创新创业理论与实践 [M]. 北京：高等教育出版社，2018.

[20] 江许胜，陆胜利，王鹏飞. 大学生创新创业教育 [M]. 北京：高等教育出版社，2018.